究極の思考術

あなたの論理思考力がアップする
「二項対立」の視点15

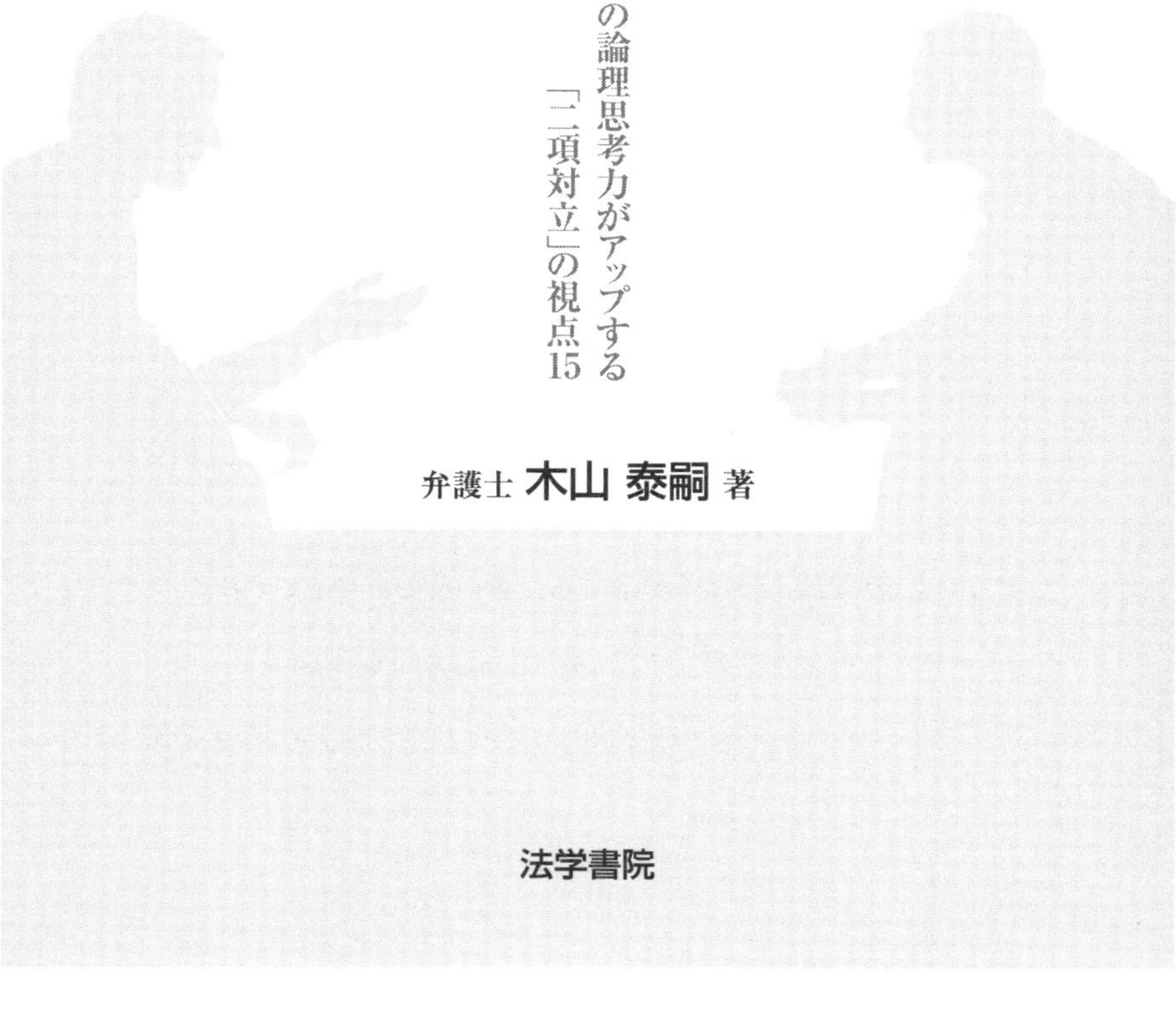

弁護士 木山 泰嗣 著

法学書院

“一つの明確な光源によって照らされた物体は，

拡散した光に照らされた物体よりも，強い慰安を与えてくれる。”

—レオナルド・ダ・ヴィンチ（Leonard Da Vinci）—

（ウイリアム・レイ＝夏目大（訳）『知をみがく言葉　レオナルド・ダ・ヴィンチ』青志社・67頁より）

まえがき

論理思考力は現代のビジネスマン・学生に必須のスキルです。

ロジカルシンキングや論理力、思考術に関するビジネス書も数多く出版されています。ところが、そうした本を読んでも、かえって難しいことが書かれており、「自分は論理的な思考ができない人間なのかもしれない」、「論理の力を身につけるのは並大抵のことではないようだ」とあきらめてしまう方が多いようです。

それは、読んだあなたが論理思考に向いていないからではなく、本当は、その本が「論理性＝難解」という暗黙のメッセージを発し、論理思考力を一部の人間のみが扱う武器であるかのようにみせていることが原因だと、私は思っています。

弁護士は法律の勉強を通じて、また裁判実務を通じて、常に論理思考力を磨いています。ところで、この「論理思考力」。いったいどのような力だと思いますか？

それは**「筋道を立てて、矛盾なく考えることができる力」**のことです。
「論理」というのは、物事に筋道を立てて、それを矛盾なく積み上げていく技術です。

「あの人の説明は、理路整然としているなあ」と、あなたが感心するとき、その説明のどこに「感心」のポイントがあるでしょうか？
それはきっと、その人の説明に「論理」の一貫性があったからだと思います。一つひとつの問題点をきちんと押さえたうえで、「問題提起」から「結論」まで、とめどなく流れていくすっきりとした「論理」があったからだと思います。

弁護士になるためには「司法試験」に合格する必要があります。司法試験は、実は「論理」を問う試験です。受験者にどれくらい「論理思考力」があるかをテストする試験です（このあたりについては、本書のテーマではありませんので、興味がある方は、拙著『弁護士が書いた究極の勉強法』や『司法試験《サバイバルレース》を勝ち抜く合格術』をお読みください）。
司法試験というと、「ぶ厚い六法全書を丸暗記しなければ合格できないんでしょう」と思う方が多いようです。しかし、実はまったく違います。

司法試験のなかでも最難関といわれるのが、論文試験です。この**論文試験の会場には、なんと、六法全書が一人ひとりの席に一冊ずつ置かれています。**受験会場に行くと、机の上に六法全書が置かれているのです。

つまり、司法試験（論文試験）は、六法全書を自由にみてよい試験なのです。これは何を意味するかというと、法律の条文を丸暗記した人が受かる試験ではないということです。つまり、「知識そのもの」があるかどうかは、それほど重視されていない試験なのです。

びっくりされましたか。

ではいったい、司法試験（論文試験）では、なにが問われているのでしょうか？

それが、本書のテーマである**「論理思考力」**です。

論文試験では、六法をみながらでもいいので、出題されたケースに対して、「筋道を立てて、矛盾のない解決策を示す力」が試されているのです。

合格率が二％しかなかったこの試験を、わたしは四回受験しました。受験していた期間だけでも三年半です。受験前に二年間、法律の専門学校（司法試験予備校）にも通っていたので、五年半以上はこうした「論理思考力」が試される試験のトレーニングを積みました。

司法試験合格後も、「論理思考」に磨きをかけ、これを駆使する毎日が続きました。弁護士の仕事は、これまでになかった新しい問題にぶつかり、その都度、論理思考をする必要があるからです。

クライアントの利益を守るため、**「法律」という刀を、「論理」という布で磨きあげる。**そして、ピカピカで切れ味のいい刀をつくりあげる。

それが弁護士の仕事だからです。

わたしが弁護士として担当してきた事件の八割は、勝訴率が「一〇％」しかないといわれる税務訴訟です（国税庁の公表データによれば、平成二〇年度の納税者勝訴率は一〇・七％、平成一九年度の納税者勝訴率は一四・七％です）。※

税務訴訟は、税務署が行った追徴課税（更正処分など）に不服がある場合、その行政処分の取消しを求めて裁判所に訴えを提起するものです。裁判の相手は「国」です。「訟務《しょうむ》検事」という手強い「国の代理人」と相対《あいたい》し、「論理」の戦いを繰り広げることになります。

この税務訴訟の勝訴率。平成一八年度だけは、一七・九%という高い数値が記録されました。高い勝訴率になったのは、わたしが所属する法律事務所（税務訴訟を専門にする鳥飼総合法律事務所）が代理人になった著名な事件で、多くの勝訴判決がでたからだといわれています。わたしはこの事件の主担当者でした。このほかにも主担当した税務訴訟の事件で、運良く多くの勝訴判決をいただいています。

こうした「論理」の試験や、「論理」の戦いの経験を通じて、あるとき、わたしは**「重要なこと」**に気がつきました。

「重要なこと」というのは、論理思考にとって重要な視点です。

どんなことだと思いますか？

それは、弁護士や裁判官、検察官などの法曹であれば、だれでも使っている**「シンプルな視点」**です。ごくごくあたりまえの、物のみかたです。

ところが、この**「重要なこと」**について正面から書かれた本は、不思議なことにほとんどなかったのです。「論理思考」や「ロジカルシンキング」をテーマにした「ビジネス書」が、これほどたくさん出版されている、にもかかわらずです。

この**「重要なこと」**をまとめたものが、本書です。

「重要なこと」といっても、とても「シンプルな視点」なので、知ってしまえば、だれでもカンタンに使うことができます。

冒頭で、いきなり「司法試験」の話や「税務訴訟」の話をしましたが、これは著者であるわたしがこれまで経験してきた「論理思考」の世界をお話したもので、ここから先は、わかりやすい日常よくある会話などがたくさんでてきます。難しい言葉を知らなくても、楽しみながら自然と論理思考が学べるよう工夫をしていますので、安心してお読みください。

論理思考力は、いったん身につけてしまえば、どのような問題にも応用することができます。

論理思考をすることは、実はそれほど難しくありません。

むしろコツさえわかってしまえば、ラクラクできてしまいます。なぜならば、**論理思考力というものは、真実や唯一の答えを導く技術ではない**からです。**むしろ、自分の価値判断と直感で「先に決めた結論」の説得性を高めるための技法だといえます。**

つまり、論理思考力は結論を導くための技法ではなく、結論に説得力を持たせるための武器なのです。いわゆる「理論武装」といわれるものです。

自分の考えに説得力を持たせるのが「論理思考力」なのです。

この思考回路を身につけてしまえば、どのような問題についても、あなたの意見を説得力ある議論にすることができるようになります。

当然にビジネスでも議論でも優位に立つことができるようになります。

このような力であれば、論理思考力を身につけたいなと思いますよね。

「でも、よほど頭のいい人でないと、論理思考力を身につけるのは難しいのではないですか？」という疑問の声もきこえてきそうです。

答えを先にいいますと、論理思考力は視点さえ覚えてしまえば、カンタンに身につけることができます。

しかも、その視点は驚くほどシンプルです。

どれほどシンプルかといいますと……

論理思考力の土台となる視点は、二つしかありません。

「AかBか」それだけです。

「AかBか」

たったのこれだけです。

大事なことなので繰り返しますが、

「AかBか」

この視点さえ持てば、あらゆることを論理的に考えることができるようになります。

この「AかBか」という二つの対立軸のことを、専門的には**「二《に》項《こう》対《たい》立《りつ》」**と呼びます。

あらゆる問題はつきつめて考えると、二つの異なる考え方の対立であることがわかります。

「AかBか」という「二項対立」が、問題の背景には必ずひそんでいます。

その対立点を見抜くことさえできれば、あとはカンタンです。

様々な角度からの検討をすべて、「A」の考え方か、「B」の考え方かに分類してしまえばよいのです。

そして、あなたの考え方が、仮に「A」であるとしたら、その反対の考え方である「B」の立場から予想される反論をすべて分析してしまえばよいのです。

これさえできれば、あとは論理性で負けることはありません。

なぜなら、**論理性には正解はない**からです。つまり、論理性があれば必ず「A」になるというようなものではなく、**論理性は「A」にも「B」にも結びつくもの**なのです。

このように、ある問題があった場合、「A」か「B」かの**「二項対立」**を見抜くことさえできれば、あなたの論理思考力は劇的にアップします。

「そんなにカンタンにできれば誰も苦労しない」と思われたあなた。

多くの本を読んでも、論理思考力がなかなか身につかないのは、このシンプルな法則を、できる人は出し惜しみしているからかもしれない、と考えてみてください。

本書では出し惜しみをしません。

論理思考力は「A」か「B」か。それだけであり、実はとてもシンプルである、ということが、本書を読み終えるころにはご理解いただけるはずです。

そして、あなたも「二項対立で考えると◯◯になるね」という会話や考えが、自然とできるようになるはずです。

まずは本書を楽しんでお読みください。

「A」か「B」か。それだけです。

「A」か「B」か、といわれても何のことだかさっぱりわからないというあなた。

ご安心ください。

本書は、この「A」か「B」かという「二項対立」の視点の具体例をお話しします。一つや二つではありません。15の視点をお話しします。15の具体例をお話ししますので、すべてわからなくても、「A」か「B」かのイメージがわいてくるように作りました。

15の視点のうち、どれでもいいです。使いやすそうなものを選び、あなたの懸案事項にあてはめてみてください。

15すべてを使う必要はありません。あなたが「使いやすそうだな」と思ったものを使うだけでも十分です。驚くほどの成果が出るはずです。

平成二一(二〇〇九)年八月

木山　泰嗣

本書の使い方

本書のコンセプトは、**「論理思考をするための道具（視点）」**を、読者のみなさまに提供することにあります。どなたでもカンタンに使えるよう、「AかBか」という「二項対立」の視点のみからアプローチする方法でまとめています。

ここから先に15個出てくる具体例は、いずれも、この**「AかBか」という「二項対立」の具体例**です。

具体的にどういう場面で使うものなのかについて、あらかじめ、お話しておきます。

それは、たとえば、

①議論をする場合
②クライアントの要望を聞く場合

③時事問題を分析する場合
④ディベートをする場合
⑤論文を書く場合
⑥読書をする場合
⑦プレゼンをする場合
⑧上司に自分の意見を伝える場合
⑨クレームに対処する場合
⑩論点を理解する場合……

このように、多くの場面で、15の具体例をあてはめて、「AかBか」の「二項対立」を意識してみてください。

それだけで、問題点がすっきりと整理できるはずです。

対立軸が明確になれば、相手の主張も理解したうえで、あなたの主張を伝えることができるようになります。

本書を読み終えるころには、論理思考は、決して難しいものではなく、あらゆる問題をシンプルに素早く解決するための、**「魔法の道具」**であることがわかるはずです。

ではさっそく、**「二項対立」**の世界に入っていきましょう。

なお、15の具体例は一つひとつが完結しており、読み切り構造になっています。あなたの興味のあるところからお読みいただいてかまいません。つまみ食いでも、もちろん通読でもかまいません。

ここから先の読み方は、あなたの自由な感性にお任せします。

では、どうぞ。
いってらっしゃい。

もくじ

1 新企画に反対する部長を説得するには、どうしたらいいか？

――必要性と許容性

X社の会議で白熱した議論

X社の会議で議論が白熱してきました。

A課長は「その企画は何としてでも通したい」と主張しています。

これに対して、B部長は「それはダメだ」の一点張り。

どちらも、一歩も譲りません。

A課長が通したいと考えている企画は、斬新な企画です。

伝統あるX社には、これまでなかった新しい企画です。

A課長が新しい企画を考えたのは、いままでのX社の企画が時代にマッチしなくなってきていると、常日ごろから感じていたからです。

当社には、時代に合った新しい企画が求められている。

A課長は思いました。

「インターネットが主流になり、デジタルネイティブ※という、生まれたときから携帯やパソコンのある生活をしてきた新しい世代に働きかけるためには、いままでにない新しい風を吹かせる必要がある。アナログ時代の考え方は、いまの若者には通用しない。これから顧客層として膨らんでくることが確実なデジタルネイティブ世代をターゲットにするには、B部長のような古い考え方ではダメだ。当社にいままでなかった新しい企画を立てる必要がある」

新規顧客を獲得しようと情熱を燃やしているA課長は、このように考え、新しい企画を主張しました。

ここで登場したA課長の考え方の大もとにあるものは、なんでしょうか？

A課長の視点を分析してみる

それは、**「必要性」という視点**です。

A課長は、「新しい企画を立てる必要がある」と考えました。

つまり、**A課長の主張の根底には、その企画が「必要だ」という価値判断が働いているの**です。これを**「必要性」の視点**といいます。

多くの議論では、Aさんは「必要性」の視点を持って主張を展開しています。Aさんが言葉として「必要性の視点です」とか「必要なんです」などとは直接いわなかったとしても、「必要性」の視点だと分析して、整理すると、Aさんの考え方がみえてくる。こういうことがあります。

Aさんが「必要性」の視点に立脚している場合、これに反対するBさんの考え方は**「許《きょ》容《よう》性《せい》」の視点**に立っていることが多いです。

「許容性」の視点というのは、簡単にいえば、ある企画が当社にとって「必要」だとしても（つまり「必要性」はあるとしても）、〇〇〇の理由から、その企画を通すことはできない（つまり**「許容性」がない**）といった具合に使うものです。

逆に、**「必要性」もあるし「許容性」もある、となれば、その企画は賛同を得られます。**

（「許容性」があっても、「必要性」がなければ、そもそも企画として取り上げる「必要」もないため、AさんとBさんが白熱した議論をすることはないでしょう。したがって、真っ向から対立するような白熱した議論がなされている場合を前提にすると、Aさんは「必要性」の視点から主張をし、Bさんが「許容性」の視点から主張をしている、という場合が多いのです。）

ここで学ぶべき点は、次の二点です。

必要性と許容性の視点のポイント

一つは、白熱した議論が展開されている場合（真っ向から意見が対立している場合）、Aさんは「必要性」があると主張し（**「必要性」の視点**）、Bさんは、「必要性」があるとしても「許容性」がないと主張している（**「許容性」の視点**）ことが多いという点。

もう一つが、**ある企画（主張）を通すためには、「必要性」と「許容性」の二つを満たしていることをアピールするのが近道**だという点です。

ここでは、Bさんが、「必要性」は認めながらも、「許容性」がないと主張していると分析したのでわかりやすいのですが、実際のビジネスシーンでの議論は、この「必要性」の視点と「許容性」の視点で**「対立軸」**の整理ができていないことがほとんどです。

Aさんも、Bさんも、それぞれ自分の思うところ、感じるところ、いいたいことを、いいたいように論じている。議論が平行線のまま、決着がつかない。こういうことが意外と多いのではないでしょうか。

こういうときに、**冷静になって、「必要性」の視点と「許容性」の視点で、AさんとBさんの言い分を分析してみる**のです。

もし、Aさんが冷静になって、この分析をした場合、Bさんを説得する方法がみえてきます。

どうしたらいいでしょう?

Bさんを説得する方法

Bさんの考え方は、Aさんが提案する新しい企画の「必要性」は認めるけれど、「許容性」がないというものでした。だとすれば、Bさんを説得する方法は、ただひとつ。

その企画を認めるべき**「許容性」があることを立証すればいい、**のです。

当社においても、インターネットや携帯のコンテンツを経由したビジネスを展開して問題はない。新しい企画を実践したときに、想定される問題点・弊害は、××や○○や……などがあるけれど、いずれも、～～や△△や□□すれば問題はない、ということを立証してあげるのです。

要するに、BさんがAさんの新しい企画に反対していたのは、その企画そのものに魅力は感じていたものの、いざ企画を通すとなると、予想される問題点がいくつかあり、それをクリアできるかどうかに疑問を感じていたのです。そして、Aさんの話を聞く限り、その疑問は解消できなかったのです。

なぜBさんが疑問を解消できなかったかといえば、Aさんは、ひたすら、(Bさん自身も実は認めている) 新しい企画の「必要性」があることばかり話をしていたからです。Bさんも特に否定していない「必要性」レベルの話ばかりしていたからです。

冒頭のA課長は、B部長が、「必要性」レベルではなく、「許容性」レベルに疑問を感じていると察知すれば、あとは簡単でした。

「許容性」レベルに絞って、主張を展開すればよかったのです。

「この企画をスタートさせた場合に、予想される問題点には次のようなものがあります。けれど、いずれの問題も解決できます。なぜならば～」という説明をすればよかったのです。

二項対立の視点①

このように、対立軸の一つには、「必要性」と「許容性」という視点があります。二項対立の視点で、論理思考を展開したい場合。「必要性」と「許容性」のレベルで考えてみてください。

その問題の「必要性」はどこにあるのか。「許容性」で問題になるのはなにか。その問題を解決するにはどうしたらよいか。

冒頭のX社のB部長とA課長は意見が対立してしまいましたが、関係者を説得するためには、最初から「必要性」レベルと「許容性」レベルのそれぞれに分けて、それぞれを説得的に説明してみることです。

このとき、「必要性」という観点では……、「許容性」という観点では……、という説明をすると、議論がすっきりと整理され、説得力が増します。それだけで、論理的な議論になります。

論理思考は、二項対立で整理する。そして、**その視点の一つには、「必要性」と「許容性」という対立軸がある**のです。

日常生活にも応用してみる

「必要性」と「許容性」の視点は、ビジネスシーン以外の日常生活でも応用できます。

たとえば、「車がほしいなあ」と思ったあなた。

奥さんを説得する際に、車を買うとどんなメリットがあるかという話ばかりしていませんか。「車を買えば、週末はドライブに行けるよ」、「車を買ったら早起きして、駅まで毎朝送ってあげるよ」、「買い物にも便利だよ。荷物もいくらでも運べる」……こうしたメリットは、いずれも、車を買うことの「必要性」です。

反対している奥さんは、あなたが説明する「必要性」はぜんぶ納得しているかもしれません。必要性があることはわかっている。けれど、賛成しない理由があるのです。

二項対立の視点（必要性と許容性）を使って考えると、どうなるでしょう？

……車を買うための貯金がなかった？

うーん、それは残念ですね。

奥さんは車を買う「必要性」は認めながらも（本当はほしいけれど、あるいはあってもいいとは思っているけれど）、あなたが競馬とパチンコにお金を使いすぎるので、お金がなくなることを心配していたのですね。

どうやら、「許容性」レベルでの説得が足りなかったようです。さあ、「許容性」レベルの説得をトライしてみましょう。

あなた：競馬はやめます。パチンコもほどほどにします……。
奥さん：それだけじゃ、安心できないわ」。（まだ「許容」できないわ。生活不安だもの）
あなた：うーん。あっ、そうだ。この前買った宝くじ、当選発表が確か昨日だった。
奥さん：あなた、宝くじまで買ってたの？
あなた：一〇〇〇枚ほどね。
奥さん：そ、そんなに！　バカじゃないの。一〇〇〇枚って、一枚三〇〇円だから三〇万円じゃない！　宝くじそんなに買ってるなら、競馬やめても、パチンコやめても意味ないじゃない。車は買えないわ。
あなた：そんなあ。じゃあ宝くじもやめます。
奥さん：宝くじやめても、貯金ないでしょ。買えないわ。ムリよ。
あなた：あっ、一〇〇〇万円当選してた。

思いがけない宝くじの当選で、「許容性」は満たされたのでしょうか。

【まとめ1】

「AかBか」の二項対立の視点には、

A「必要性」

と

B「許容性」

という対立軸がある。

2 ブラックジャックに手術をさせてよいか？
——形式論と実質論

経営企画部に抜擢されたSさんの評価

「彼はどうかね」

Y社の社長は、役員室秘書のM子に聞きました。

「彼」というのは、四月から経営企画部に抜擢されたSさんのこと。

Sさんは二〇代後半の若手社員です。

M子は答えました。

「しっかりした方です。信頼できます」

「ほお、そうか。それはよかった」

社長はM子の評価なら間違いないと思い、Sさんに期待をするようになりました。

ところが、ある日、社長は、経営企画部の人間が「Sはどうもパッとしない」といっているのを耳にしました。

一緒に仕事をしている周囲の評判は、実はあまりよくなかったのです。

そこで、社長は改めてM子に聞きました。

「彼はどうだね」

「しっかりした方です。朝はいつも早く来て、夜も遅くまで働いています。遅刻や欠勤はないですし、礼儀正しい方です」

どうやらSさんの勤務態度は良好のようです。形がしっかりしていることは間違いないようです。

その後、社長が経営企画部の部長などから話を聞くと、「Sは勤務態度は真面目です。けれどアイデアがない。自分の意見がない。主張がない。それがとても残念だ」という答えが返ってきました。

どうやら、Sさんの評価は、勤務態度という**「形式」**を基準にすると高く、仕事の内実という**「実質」**を基準にすると低い、ということがわかりました。

人の評価軸は二つある

このように、人の評価軸には、**「形式」を重視する評価方法**と、**「実質」を重視する評価**

方法の二パターンがあります。

みる人によって評価が真っ二つに割れる場合、Aさんは「形式」を重視して評価しているのに対して、Bさんは「実質」を重視して評価している。そういうことが多いです。

これに対して、だれからの評価も高い人は、「形式」的な勤務態度も、「実質」的な仕事の内実も、両方ともに優秀な場合です。

これは人の評価に限られません。

あらゆる物事のみかたには、「形式」面にスポットライトをあてる方法と、「実質」面にスポットライトをあてる方法の二つがあるのです。

形式論と実質論

「形式」面にスポットライトをあてる思考方法を「**形式論**」といいます。

「実質」面にスポットライトをあてる思考方法を「**実質論**」といいます。

どちらがいいとか悪いとかいう問題ではありません。

物事のみかたには、「形式論」と「実質論」の二つが存在しているのです。

この二つの対立軸を知っておくと、論理思考ができるようになります。

つまり、ある問題について、二つの考え方があるという場合、**対立しているAさんの見解とBさんの見解を、「形式論」と「実質論」という二項対立の視点で分析してみる**のです。

そうすると、見解が分かれているのは、Aさんは「形式」面を重視しており、Bさんは「実質」面を重視していた、ということがわかります。

なお、「形式」というと、形式的にすぎるとか、形式ばっているなど、「カタチだけ」というマイナスの印象があるかもしれません。

形式は重要な意味を持っている

しかし**「形式」というのは、世の中において、実は重要な意味を持っています。**

冒頭のSさんが秘書のM子に評価されていたのは、まさに無遅刻・無欠席・挨拶ができるという「形式」がきちんとできていたからです。社会人にとって、こうした「形式」が重要であることはいうまでもありません。

また、わたしの職業のように、資格制度がとられている場合、国家試験に合格し資格を持っているという「形式」が出発点になっています。

「法律には物凄く詳しいけれど、司法試験には受かっていないんです」という人が、法律業務を扱えば、弁護士法違反になります。

自動車の運転もそうです。運転免許を取得していない人は、どんなに運転の技術を持っていたとしても、自動車の運転をすれば無免許運転の罪に問われます。これが「形式」の重要性です。

医者も同じです。「あのお医者さんは、腕もよく患者さんの評判もよかった。けれど、実は医師免許を持っていなかったようだ」となれば、医師法違反で逮捕されます。そういうニュースがたまに流れます。

「形式」を整えずに、腕のよさという「実質」を評価してはいけない。これが医師などの資格制度がとられている職業の世界です。

このように、**「形式」というものは、実は重要な判断要素**です。

ブラックジャックに手術をさせてよいか？

手塚治虫さんの漫画「ブラックジャック」はもぐりのお医者さんでした[※]。

ブラックジャックは医師免許を持っていません。しかも法外な報酬を払わないとみてくれない。けれど物凄く腕がいい。手術の腕は医師免許を持っている医師よりも、はるかに優れている。ふつうの医師では救えないような患者の命も救える高度の医療技術を持っている。それがブラックジャックです。

ある無医村に重病患者が現れました。緊急手術が必要です。けれど医師がいません。そこにたまたまブラックジャックが現れた。すぐに手術をしないと患者は命を失う危険があります。

それでも医師免許を持たない以上、**ブラックジャックには手術をさせてはいけない、というのが「形式論」**です。これに対して、手術の腕は抜群なので、**ブラックジャックに手術をしてもらおうというのが「実質論」**です。

医師免許という「形式」を重視する「形式論」と、医師としての技術（腕）という「実質」を重視する「実質論」の対立です。

時効が完成しても罰することができるか？

刑事事件には「公訴《こうそ》時効」という制度があります。いわゆる時効です。殺人を犯した人間でも、刑事訴訟法が定める「公訴時効」（現在は二五年）を過ぎてしまえば、逮捕も起訴もできません。もはや処罰できなくなってしまいます。

これは、刑事訴訟法が定める「公訴時効」という「形式」があるために生じる問題です。これに対して、その人が被害者を殺害した事実は何年たとうが変わらない。犯人であることが明らかである以上（本人も自白し、証拠も整っている以上）、犯人を罰するべきだという考えがあるとすれば、それは「実質論」です。

ここで注意していただきたいのは、後者の「実質論」は現行の刑事裁判では通用しない議論だということです。法律を改正して、時効をなくそうという動きがありますが※、そうした法改正がなされない限りは、時効が完成している犯人を処罰しようなどという「実質論」は刑事裁判の世界では通用し得ないのです。

形式論が強い理由

こうして考えると、みなさんが「カタチだけ」とか「形式ばっている」などとマイナスの印象を持ってしまいがちな**「形式」論が、実は強い**ことがわかります。

形式論が強い理由は、基準として明確だからです。

資格にしても時効にしても、あらかじめ法律で定めたルールです。そのルールで明確になっている基準がある以上、それを守ろうというのが形式論です。したがって、**形式論が実は一番強いのです。これが原則です。**

形式論の弱点

これに対して、なんでもかんでも「形式」にこだわりすぎると、本来定めたルールの目的とは違った結果をもたらしてしまう場合があります。つまり、「形式論」をとることが、結果において不都合な場合です。

たとえば、一〇〇〇万円以上の契約をする場合には、あらかじめ上司に事前説明書を提出したうえ、上役二名の決済を経なければならないという社内ルールがあった場合。P社と一一〇〇万円の契約を締結できることになったものの、すぐに契約書を交わさないとライバル社と契約することを示唆されたとします。直属の上司には急いで電話で状況を伝え、口頭で了承は得られました。しかし、事前説明書を提出する時間的余裕はありません。また、上役一人が海外出張で連絡もつかず、上役二名の決済をすぐにとることはできません。

このケースでは、「形式論」では要件をクリアしていないので、本来契約はできないはずです。しかし、P社との契約を締結することは会社にとって重要性がある場合、①事前説明書の提出と、②上役二名の決済という「社内の形式的ルール」を貫いてしまうと、会社にとってクライアントをみすみす逃してしまうことになります。営業機会の損失という「不都合」な事態が生じます。

形式的な要件である①と②も、間に合わないというだけであり、事後的にはクリアできることは明らかだとします。契約内容にも合理性がある。そういう場合にまで、形式論を貫くと**「不都合」**が生じます。

そこで、**形式的には社内ルールの①と②を満たしていないけれど、実質的には満たしていると考えていいだろう、という「実質論」が登場します。**

このように、**「実質論」は、「形式論」を貫くと、とんでもない「不都合」が生じるような場合で、かつ、「実質的にみれば問題ない」と合理的に説明できるような場合にのみ、許されます。**緊急性があるなどの例外的な場合にのみ力を発揮できるものです。

形式基準と実質基準

なお、これまで述べてきた話と異なり、単純に並列的な関係で「形式」基準と「実質」基準が「二項対立」になる場合もあります。「形式論」が原則で、「実質論」が例外といったものではなく、純粋に同じ序列で「形式」基準と「実質」基準のどちらをとるべきかが問題になる場合です。

冒頭のSさんの人事評価では、「形式」基準（勤務態度等）と「実質」基準（仕事の内実）のどちらを重視するかは、人事政策の問題です。したがって、この場合の「形式」基準と「実質」基準は、どちらが原則という問題ではありません。**価値に序列のない（優先関係のない）単純な「二項対立」の場面**です。

「理想の女性のタイプは？」と聞かれて、「美人でスタイルがよくて、服のセンスがよくて…」と答えたAさんは、「形式」基準でみるタイプです。いわゆる「みた目が一番」というタイプです。これはまさに「形式論」ですね。

これに対して、「女性はみた目よりも、中身が大事だ※」と答えたBさんは、「実質論」。「実質」基準で女性をみるタイプです。

二項対立の視点②

このように、「AかBか」という二項対立の視点には、「形式論」と「実質論」という対立軸があります。

あなたが社内で何かを提案する場合、「形式論」に立つのであれば、基本的には「形式」という強い軸があるため、優位に立てます。といっても、「実質論」でも負けないように、「実質」的にもあなたの考えが正しいことを説明しましょう。形式も実質も満たせば鬼に金棒です。

これに対して、あなたが提案するものが「形式論」からいくと弱い場合には、「形式論」を貫くと「不都合」な結果になることを強調します。そのうえで、あなたの提案が「実質」的にも合理的であることを説明していきます。

このように、「AかBか」という対立軸に、「形式論」と「実質論」という視点を持つと、議論に深みが出てきます。

視点を持つだけで、思考が論理的になり、説得力が出てきます。

【まとめ2】

「AかBか」の二項対立の視点には、

A「形式論」

と

B「実質論」

という対立軸がある。

3 茶髪にピアス、「みんながやっていること」は本当に禁止されているのか？

――禁止レベルと許容レベル

茶髪にピアスのS子に頭を抱える熱血教師

茶髪にピアス。S子は、ごく今どきの女子高生です。

そんなS子が、ある日、担任の先生に呼び出されました。

放課後の職員室。

隣にある面談室で、S子は「服装が乱れている」と注意を受けました。

「え～。でも、わたしだけじゃないし。みんなやってるし」

たしかに、茶髪やピアスをしている生徒はS子だけではありません。

「みんながやっていればいいのか。違うだろう」

担任の熱血教師が諭します。

「まじやばいんだけど、なに熱くなってるの。わたしちゃんと授業出てるし、成績だって上位だし。知ってるでしょ、せんせい」

「そういう問題じゃないんだ。校則をみてみなさい。うちの学校では、生徒が髪を染めることやピアスをすることは禁止されているだろう」

そういうと、担任教師はS子に生徒手帳を開けさせました。

「これって、注意書きみたいなものじゃないの。いまどき校則なんて。古くない？　やばすぎるよ、せんせい」

担任教師は頭を抱えたまま、S子を帰しました。

校則には「生徒は学校生活に相応しい服装を心がけるものとし、髪を染めたり、ピアスを着用してはならない」と書かれています。

けれど、S子がいうように、Z高校に着任して七年になるS子の担任教師も、これまで茶髪やピアスの生徒はごまんとみてきました。

茶髪やピアスで退学になった生徒は一人もいません。

教師も注意する人はほとんどおらず、黙認されているのが現状でした。

S子の担任教師は頭を抱えました。

「校則ってなんなんだろう？　守らなくてもいいなら、いっそのことなくしてしまえばいいのに」

担任教師も、生徒がきちんと授業に出て勉強しているのであれば、いまどき茶髪やピアスに文句をいうつもりはありません。茶髪やピアスがきらいなわけでもありません。けれど、教師として生徒を指導する立場にある以上、校則は守らせなければいけないのではないか、と常日ごろ思ってきました。

しかし、実際には校則など「絵に描いたもち」。だれも守っていないし、他の教師はうるさくいっていません。

「禁止」といっても、実際には「禁止」ではないじゃないか……。

本当に禁止されているのか？

こんな疑問は、Z高校に限らず、日常生活にも多々あると思います。会社の社内ルールであったり、電車や交通機関内でのマナーだったり。明文上は「禁止する」「～してはいけません」と書かれている。

けれど、実際にはだれも守っていないし、だれも注意しない。

事実上は「禁止」などされていない。

「携帯電話の使用は禁止します」という紙が貼られているけど、乗客は携帯電話でメールをしたり、携帯電話のゲームをしたり、ヘッドホンをつけてワンセグでテレビを観ている。

でも、乗務員も何もいわない。

これは本当に「禁止」なのだろうか？

こういった問題を分析する場合、次の視点を持ってみましょう。

禁止レベルと許容レベル

それは、**「禁止レベル」**と**「許容レベル」という視点**です。

「禁止レベル」というのは、**その行為をすることが許されない場合**です。

「許容レベル」というのは、**その行為をすることが許されている場合**です。

さきほどの茶髪やピアス。

これはZ高校の校則では「禁止」されていました。

けれど、実際にはZ高校では長年にわたって、茶髪やピアスは黙認されてきた。つまり、実際には「許容」されていたのです。

この考え方は、**2**で紹介した視点（形式論と実質論）も応用しています。

つまり、校則という「形式」からすれば、「禁止」されている。「形式」的には、「禁止レベル」になっているわけです。

しかし、Z高校の慣習上、実際には「禁止」されていない。茶髪・ピアスは「実質」的には「許容」されていたのです。実質論では（ここでは、実質論というより「事実上」という方が正確かもしれませんが）、「許容レベル」になっているといえる。

これがZ高校の状況でした。

二項対立の視点③

このように、ひとえに「やってはいけない」という禁止条項があったとしても、それは絶対的な禁止なのか（「禁止レベル」）、事実上は許されているのか（「許容レベル」）という二つのレベルに分けることができます。

この視点は、「AかBか」という「二項対立」の対立軸の一つになります。

校則や社内ルールなど、いっけん禁止しているようにみえる条項があった場合、**その条項は、「禁止レベル」まで求めているのか、「許容レベル」にとどまっているのか、それを分析してみる**ことです。

そうすると、論理思考ができるようになります。

議論をするときにも、「Aさんは「禁止レベル」を前提に主張をしているようだ」、「Bさんは「許容レベル」を前提にしているようだ」ということが分析できると、その対立軸がみえてきます。

我が家は禁煙?

あなた：いやあ、いい話を聞いちゃったな。さて、タバコを吸おう。
奥さん：だめです。何度いったらわかるのですか。我が家は禁煙です。
あなた：吸いたいならベランダで吸ってください……っていうことね。

奥さん：よくおわかりで。ベランダなら自由に吸ってかまいません。
あなた：オレは部屋でテレビを観ながら吸いたいんだよ。
奥さん：いけません。我が家は禁煙だというルールを前に決めたはずです。
あなた：それなんだけどね、いま読んだ本によると面白い視点があるんだ。
奥さん：……。
あなた：つまりね、禁止レベルと許容レベルという視点なんだ。
奥さん：……。
あなた：面白いだろう。
奥さん：面白くありません。我が家は禁煙です。
あなた：実は、許容されているんじゃないかな。
奥さん：ええ。許容されてます。
あなた：そ、そうだよね。そうだそうだ。許容レベルだ！　いやあ、この本を読んでおいてよかった。じゃあ、さっそく吸おう。
奥さん：いけません。我が家は禁煙です。
あなた：だって、許容されてるっていったじゃないか。
奥さん：許容されてますわ。ベランダでは。

「禁止レベル」と「許容レベル」。

こうした「二項対立」があることを知っておく。

それだけでも、論理思考をするには重要なことです。

あとは、対立軸を「視点」として押さえたうえで、どのように理論武装するかです。

我が家の禁煙については、奥さんに軍配が上がったようです。

一部許容というテクニック

けれど、よくよく考えてみると、あなたは「ベランダ」ではタバコを吸えます。奥さんがいうように、ベランダでの喫煙は「許容」されているのです。

いわゆる全面禁煙のようにみえて、吸ってもよい場所を決めている。

奥さんは、**全面「禁止」ではなく、一部「許容」という論理**を使いました。

これは、実は高度なテクニックです。

ある物事を禁止する場合、一〇〇%すべてを禁止してしまうと、反対がある。

そういう場合に、**一部は「許容レベル」**を残しておくのです。**もっとも、その「許容レベル」の範囲はできる限り狭くします。**

この「許容レベル」の範囲をどれくらい確保できるか。


実は、「禁止レベル」と「許容レベル」の二項対立は、オール・オア・ナッシングの世界ではなく、全体と一部という「範囲」の対立になっていることが多いです。

相手の賛成を得やすくするためにも、**全部「禁止」ではなく、一部「許容」にしておくという論理パターン**をぜひとも覚えておいてください。

LRAの原則って何?

ちなみに、憲法では**「LRA《エルアールエー》の原則」**という判断基準があります。※
LRAというのは、Less Restricted Alternativeの略です。日本語では、**「より制限的でない他の選び得る手段」**と訳されています。専門用語なので覚える必要はありませんが、この「LRAの原則」は、厳格な合理性の基準とも呼ばれています。
憲法では様々な人権を定めています。表現の自由、居住の自由、学問の自由、営業の自由などです。

もっとも、憲法が国民に保障している人権といえども、「公共の福祉」による必要最小限の制約は受けることになります。これも憲法に書かれています。人権と人権のぶつかりあいもありますし、国民に保障された自由・人権といっても、社会生活を営む以上、ある程度は我慢しなさいというものです。

といっても、憲法で保障されている人権を過度に制約することは許されません。必要以上に人権を制約できるとすれば、憲法で人権として保障をした意味がなくなってしまうからです。

そこで、ある制約（通常は法律）が、過度な制約として違憲（憲法違反）にならないかどうかの判断基準として、「ＬＲＡの原則」が登場するのです。

専門的なことは、ここでは立ち入りません（興味のある方は、巻末に挙げた憲法などの本を読んでいただければと思います）。

ここでのポイントは、「ＬＲＡの原則」も、さきほどのベランダでは喫煙を許容するといった「より制限的でない他の選び得る手段」を検討しているかどうかをみるというものです。

全部「禁止」は行きすぎだろう。

その行為を禁止する目的を達成するために、少しは「許容」できるものを残しているか、という点を検討するものです。

「AかBか」の論理思考には、「禁止レベル」と「許容レベル」という視点があるのです。

【まとめ3】

「AかBか」の二項対立の視点には、

A「禁止レベル」

と

B「許容レベル」

という対立軸がある。

4 上司から頼まれたことは、どこまでやっておけばよいのか？

――必須と任意

次から次へと仕事を頼まれたR子さん

「これ、今度のプレゼンの資料。コピー五〇部ずつお願いね」

「はい、五〇部ずつですね」

「それから、来週の出張の件なんだけど、行き方調べといてくれる？」

「わかりました。往復の交通機関と出発時刻を調べればよろしいでしょうか」

「そうだね、よろしく。そうだ、あとね、これ営業のGさんに渡しておいてくれる？頼まれたデータなんだ。私からだっていえばわかるから」

「Gさんですね。かしこまりました」

「いろいろわるいね、助かるよ。ああ、もう一つあった。例の新しいプロジェクトの件だけど、どれくらい予算が必要になるか見積もりを作りたいんだ。いつもの感じでいいから、基礎資料を集めてもらえるかな」

「承知しました」

「できたら数字まではじいて、ドラフトを作っておいてくれると助かるよ」

そういうと、上司のTさんはバタバタと外回りに出ました。


上司のTさんから、いろいろ仕事を頼まれたR子さん。

頼まれた仕事はその日のうちに終えるようにしているR子さんは、Tさんから頼まれた仕事にすぐに取りかかりました。

結局、もともと抱えていた仕事や急ぎの仕事もあり、この日は残業。

夜の一〇時近くになり、ようやく帰ることができました。

夕食もとっていないので、お腹もすいてきました。

オフィスのエレベーターを一階で降りると、ちょうど外から戻ってきたTさんに会いました。Tさんも仕事人間なので、毎晩遅くまで働いています。今日も深夜まで働くのでしょうか。

「ずいぶん遅いじゃないか。R子さん」

「だいじょうぶです。もう終わりましたから」

「いつもこんなに遅くまで？」

「今日は特別です」

「若い女性がこんなに遅くまで働いてちゃいかんぞ。早く帰りなさい」

Tさんがいろいろ頼むからなんですけど、と思いながら、R子さんは「お疲れさまでした。お先に失礼いたします」と笑顔で答えました。

すると、「おつかれ」といい別れた直後に、Tさんが思い出したように振り返りR子さんにいいました。

「今日お願いした新しいプロジェクトの件だけど」

「基礎資料と予算組みまで原案を作成しておきました。明日お渡ししますのでご確認ください」といおうとしたR子さんをさえぎり、Tさんが続けました。

「あれさあ、やっぱりやめにしよう」

「えっ？」

「いろいろ考えたんだけど、時期尚早かと思ったんだ。だから、基礎資料の調査と予算の数字をはじきだすのは、やらなくていいよ。じゃあ、おつかれ」

ガーン。

R子さんは思いました。「時間を返せ」「もっと早くいってよ」

なにしろR子さんは、残業時間のほとんどを、この新しいプロジェクトの資料集めと数字の算出に費やしていたからです。

「やらくていいなら、定時で帰れたのに。もうかんべんしてほしいわ」

こんな体験をしたことはありませんか?

「あるある。……で、この話と、論理思考になんの関係があるんだ?」

「二項対立なんて、どこにも出てこないじゃないか?」

と思われた方がいるかもしれません。

必須レベルと任意レベル

実は、このなにげないオフィスのワンシーン。

「必須」レベルと**「任意」レベル**という**「二項対立」**がひそんでいるのです。

「必須」レベルというのは、必ずしなければならない事項です。
「任意」レベルというのは、してもしなくてもよい事項です。

大学の履修科目には、「必修」と「選択」があります。

「必修」は単位を取らないと卒業できない科目。したがって、卒業することを前提にすれば、必ず取らなければならない科目です。

これに対して「選択」は単位を取る・取らないは、学生の自由に任されている科目。取っても、取らなくても卒業には影響がない科目です。

これと同じように、**ビジネスシーンにも、「必須」項目と「任意」項目があります。あるのだけれど、大学の履修科目のように、明確に「これは必須だ。これは任意だ」とは教えてくれない**のです。

そのため、**その事柄が「必須」レベルなのか「任意」レベルなのか、どちらが求められているかは、自分で確認しないといけません。あるいは、自分でくみ取らなければいけません。**

どうすればよかったのだろう？

冒頭の上司Tさんは、外回りをした後、夜一〇時ころまでは帰社できないスケジュールだったため、頭に浮かぶものをすべて、部下のR子さんに伝えました。あれもこれも、あれもこれも……お願いということで、そのとき頭に浮かぶものをすべてお願いしました。

といっても、今日中にやることが「必須」の仕事と、そうでない仕事（今日やるかやらないかは「任意」の仕事）の二つがあったのです。いちいち説明をしている時間もなく、また、R子さんがその日のうちに全てをやるとは思ってもいなかったのです（つまりそこまで求めていたわけではなかったのです）。

なかでも新しいプロジェクトの件については、外回りの際にクライアントの反応をみて、やるかやらないかを決める予定でした。そこまで伝えなかったTさんも、もちろん不親切な指示ではあるのですが、「まあ、こういうのをお願いすることになる予定なので、できるときにボチボチ調べてみてね」程度の認識だったのです。

けれど、頼まれたR子さんからすれば、それぞれがいつまでかはわかりません。できる限りその日のうちに仕事をかたづけたいR子さんの性格からすれば、「疑わしきはその日のうちに」です。

このとき、R子さんは、上司のTさんに、それぞれの仕事の期限を確認しておけばよかったということになります。

本書はビジネスマナーの本ではありませんので、R子さんがどうすべきだったかを指摘することに、大きな意味はありません。

むしろ、ここで重要なことは、仕事にも「必須」レベルと「任意」レベルがあるということです。そして、**仕事に限らず、あらゆることに「必須」レベルと「任意」レベルがあるということです。**

二項対立の視点④

このように、**「AかBか」という二項対立には、「必須」と「任意」という対立軸があります。**

あるにもかかわらず、この「必須」と「任意」は明確にされていないことが多いです。この点に注意する必要があります。

つまり、論理思考をする視点として、「必須」レベルと「任意」レベルがあることを知っておかないと、ビジネスシーンでの両者の違いに気づかない、ということになりかねないのです。

いまこの本をお読みいただいた読者のみなさまは、これからは、「それは必須なのか、任意なのか」という視点を持って、物事をみるようになれると思います。その心がけさえあれば、難しい問題ではありません。

けれど、大学の履修科目と違い、社会では「シラバス」などの明確な案内文書はありません。ガイドブックはないのです。

そのなかで、自分でセンサーを研ぎ澄ませ、「それは必須なのか、任意なのか」ということをくみ取れるようにする必要があります。

クライアントにも活かせる?

「必須か、任意か」という視点は、上司から頼まれた仕事に限られるものではありません。

クライアントの要望を一つひとつ分析するにあたっても、「必須」レベルと「任意」レベルをきちんと区分けして考える必要があります。その分析ができれば、クライアントに満足してもらうことができるでしょう。

逆に、どこまでが「必須」レベルで、どこまでが「任意」レベルなのかをきちんと把握しないでいると、クライアントの満足は得られない可能性があります。

この「必須」と「任意」という二項対立の視点は、ある論点に関するAさんとBさんの主張を分析するときにも役立ちます。Aさんの主張は「必須」レベルだけど、Bさんの主張はあくまで「任意」レベルのようだ、という分析ができれば、それぞれの主張の根底にある考え方がみえてきます。

したがって、あなた自身が主張をしたり、**企画をしたりする際にも、「必須」レベルと「任意」レベルという視点を持てば、説得力のある説明をすることができるようになります。**

人の話を聞いていて、どちらなのかわからないときは、その人に逐一確認することです。

「それは必須ですか、任意ですか」と。

この視点を日ごろから持っていると、あらゆる物事の要求レベルがみえてくるようになります。要求レベルが整理できれば、議論をより具体的に理解できるようになります。

法律の世界でも……

法律の条文には**「義務」**を定めたものと、**「権利」**を定めたものがあります。

「～しなければならない」という定めは「義務」です。マストです。文字通り、「～をしなければならない」のです。これは**「必須」レベル**です。

これに対して、「権利」を定めたものは、「～することができる」という文言《もんごん》になっています。これは「してもよい」し、「しなくてもよい」ということです。当事者が自由に選ぶことができます。これは**「任意」レベル**です。

法律には**「強行《きょうこう》規定」**と**「任意規定」**という区別もあります。

「強行規定」は、その法律に定められている事項を守らないと違法になるということを意味します。必ず守らなければいけない条文です。当事者間でどのような契約をしようと基本的には自由です。これを**「契約自由の原則」**といいます。けれど「契約自由といっても、これだけは守ってください」というのが「強行規定」です。これは**「必須」レベル**です。

これに対して、「任意規定」は、その法律に定められてはいるものの、それとは違う取り決めをしてもよいものです。当事者間で何も定めない場合には、その定めによることになるけれども、当事者間でその定めと異なる合意をするのは自由。これが「任意規定」です。まさに**「任意」レベル**になります。

不明瞭なことが明確になるの?

このように、大学のカリキュラムはもちろん、人のニーズにも、法律などのルールにも、「必須」レベルと「任意」レベルの二つがあります。

この二項対立は、あたりまえのようですが、知っておいて損はありません。それは、繰り返しになりますが、**世の中には、その事柄が「必須」なのか「任意」なのかが明確ではないことが多い**からです。

明確ではないということは、あなたが意識しない限り、あいまいで、どちらのレベルなのかがわからないということです。

「AかBか」の二項対立の視点として、「必須」と「任意」という視点を持つ。それだけで、いままで不明瞭だったことが、どのレベルにあるのか明確になってくるはずです。

【まとめ4】

「AかBか」の二項対立の視点には、

A「必須」

と

B「任意」

という対立軸がある。

5 案件Xは上司に邪魔されずに、効率よく進めることができるか？

――効率と適正

「任せてください」といった入社五年目のDさん

「この案件はわたしに任せてください」

「そうだな。君もだいぶ慣れてきたようだし、今回の件は君ひとりで大丈夫だろう。ただし、何か問題があったときはすぐに報告をすること」

「わかりました」

「特に問題が起きないかぎり、今回の件は基本的に君に任せる」

「ありがとうございます！」


入社して五年目のDさんは、大喜びでした。

「ボクもようやく、ひとり立ちができた。必ず成果を出すぞ」

意気揚々として取りかかった案件Xは、Dさんの考えのもと進められていきました。

これまでは、ことあるごとに、上司のチェックが入りました。「ああしろ、こうしろ」と事細かに指示を受けました。最初のころはDさんも、上司の指示があった方が安心でしたが、経験を重ねるにつれ、自分の考えでやっていきたいという気持ちが強くなってきました。

自分の考えで進めたいと思っていたのに、「いや、それはやめた方がいい」「ちょっと変えた方がいいんじゃないか」などと横やりが入る。上司のいうとおりにやっていると、後からやり方が変わり、二転三転。結局、最初に自分が考えた企画に戻ってくる、などということがしばしばありました。

「効率がわるいんだよね」

Dさんがこれまで何度も呟き、同僚に愚痴をいってきたこと。

それが、上司の指示に従っていると「効率がわるい」ということでした。

こうした経緯があったため、今回初めてDさんに任された案件Xは、「効率よく進めることができるだろう」と、Dさんは楽観していました。ようやく自由にできる。上司から口をはさまれずに、効率よく進められる。胸を躍らせながら、Dさんは案件Xに取り組みました。

ところが……。

やってみたら、大変だった?

初めてひとり任された案件。上司のチェックがないと、意外とわからないことが多いことに、Dさんは気づきました。

いままでは、自分の考えで突き進んでいくと、必ず自然と上司からチェックが入り、方向性を修正してもらえました。それが二転三転することもありましたが、その修正が正しいというときの方が実際は多かったのです。

つまり、いままでの状態は、Dさんにとって、最もバランスがとれたやり方でした。若さで突き進もうとするDさんと、それを長年の経験からチェックをし、軌道修正を図る上司。

この二人のタッグが、実は「効率」と「適正」のバランスを上手に保っていたのです。

Dさんは、わからないことだらけだ、という現実に気がつきました。

自分ひとりではわからないことだらけだったのです。いままでは、わからなくても、わかる上司がサポートしてくれていたのです。Dさんにとっては、うるさい横やりだと思っていましたが、実は必ずしもそうではなかったのです。

……と気づいたDさんでしたが、上司に逐一教えてもらうとすれば、いままでと変わりありません。それでは、せっかく成長を認めてくれ、自分に仕事を任せてくれた上司にさじを投げることになってしまう。

これでは面目丸つぶれだ……Dさんは考えました。

そして、上司に聞くことなく、自分の考えで突き進むことにしました。

実際進めてみると、自分ひとりの力でも、解決していくことができました。頼ろうという気持ちを捨てれば、自分の責任で仕事を進めることができるんだ。Dさんは、案件Xへの取り組みによって自信をつけていきました。

案件Xはうまくいったか？

半年後。

いよいよ、案件Xも大詰めというところまできました。

これまで、Dさんは、上司に泣き言もいわず、相談もせず、簡潔な状況報告をたまにする程度で、着々と進めることができました。

明日は、クライアントへの最終報告です。

Dさんは、最終報告をする資料を完成させました。あとは発表するのみです。

ちょうどそのとき、上司がDさんのもとにきて、Dさんにいいました。

「よくやったね。案件X。ひとりでよく頑張った。明日でいよいよクライマックスだな」

「ありがとうございます。最終報告書もいま完成させたところです」

「半年でここまで辿り着くなんて、すごいことだよ。ふつうは最低でも一〇か月はかかるからな」

「クライアントにご満足いただけるよう、スピードを重視しました」

「夜遅くまで頑張ってたもんな。どれどれ、報告書をちょっとみせてもらおうか」

「どうぞ」

Dさんは自信をみなぎらせて、上司に資料を渡しました。

「ぶあついねえ。図やグラフも入っていて、サービス精神旺盛じゃないか」といいながら、上司は資料をめくり始めました。Dさんが成長したことに嬉しそうな顔をしています。

……と、その数秒後、上司の顔色が変わりました。

みるみるうちに、上司の顔は青ざめました。

「ど、どうしました？」

上司は言葉を失ったかのように、しばらく沈黙し、その後ようやく口を開きました。

「き、君。これ、当社が今年改正した社内ガイドラインに違反しているじゃないか。ガイドラインに違反した企画を外部に出すことはできないぞ……」

この案件Xの事例には、次の二項対立の問題が含まれています。

効率と適正

それは、**「効率」と「適正」**です。

「効率」というのは、物事を進めるにあたり、**無駄をなくすこと**です。

「適正」というのは、物事を進めるにあたり、**ルール違反をなくすこと**です。

この**「効率」と「適正」という対立軸は、二項対立の永遠の課題**です。

それは、**一方を追求すれば、他方がわるくなるという関係にある**からです。

「効率」を重視すれば、「適正」がおろそかになります。

「適正」を重視すれば、「効率」がわるくなります。

バランスが重要?

Dさんの以前の状態は、「効率」を重視したいDさんの姿勢に、上司からのチェックが入ることにより、「適正」が確保されていました。つまり、**「効率」と「適正」のバランスがほどよくとれた状態**になっていました。

けれど、若くて経験の浅いDさんには、「適正」という視点が抜け落ちていました。上司からのチェックがなくなれば、より短い期間で素晴らしい成果を出せるだろうと、Dさんは「効率」のことばかりを考えていました。実際に、Dさんは、初めて任された案件Xを、通常一〇か月以上かかるところ、わずか半年で最終段階まで進めることができました。「効率」がよくなったのは、たしかです。

ところが、フタをあけてみれば、Dさんの報告書の内容には、明らかな社内ガイドライン違反がありました。社内ガイドラインの改正をフォローしていなかったDさんは、**社内ルールを守るという「適正」の視点をまったくチェックしていなかった**のです。

これは、上司のチェックがあればすぐに見抜けるような事柄でした。

結局、Dさんは、この後、社内ガイドラインに沿う形で企画の修正を余儀なくされました。結果、実際に案件Xを完成させるまでに一年以上かけることになってしまいました。それればかりか、完成直前での大幅修正のため、クライアントとの間でもトラブルになり、報酬も二〇％減額されるという失態つきでした。

このように、「効率」と「適正」という対立軸は、事実の問題としては、どうしても「対立」してしまうものです。**最良の成果を出すためには、双方のバランスをとることが必要になります。**

もちろん、Aさんは「効率」重視のタイプ、Bさんは「適正」重視のタイプ、というように、人それぞれの個性がどちらかに分かれるということはあります。けれど、案件で最大限の成果を出すためには、「効率」と「適正」の双方のバランスをとることが大切です。

法令遵守や内部統制

それは、近年、企業不祥事が相次ぎ、法令遵守《じゅんしゅ》が強く求められる社会になってきたことが一つ。また、こうした事件を受けて、日本にも内部統制システムを義務づける法律が導入されたことも一つです。※

営利法人である株式会社は、利益の追求をすることが至上命題です。株主から出資を受け、その資金を元手に事業を行っている以上、事業によって得た利益を出資者である株主に分配することが求められています。これが営利法人である株式会社の目的です。

しかし、利益を得るためには、なんでもかんでもやっていい、というものではありません。粉飾決算などもってのほかですし、その他、消費期限を過ぎたものを出荷してはならない、法律で禁止されている化学物質を入れてはならない、など様々なルールがあります。こうした禁止行為は、法律や条例、業界のガイドライン、社内規程などで定められています。

いくら利益のためといっても、こうしたルールを破ってはダメなのです。これが「**適正**」**という視点**です。

二項対立の視点⑤

株式会社をはじめとして、会社のルールを定めた法律である「会社法」は、この二つの視点から作られています※。

「効率」と「適正」。

この二つの対立する要請をいかに調和させるか、という観点から会社法は作られているのです。

したがって、「効率」と「適正」という二項対立では、「AかBか」というふうに、どちらかだけをとるというのは、好ましくありません。

しかし、実際には、「AかBか」の二者択一で、「効率」のみを重視するAさん、「適正」ばかり考えて「効率」を考えないBさんがいます。

論理思考で大切なことは、**AさんとBさんの議論は、どちらが「効率」を重視しており、どちらが「適正」を重視しているのかを見極めること**です。あなた自身が議論に参加する場合には、Aさんに対しては「適正」の視点がないことを論破すればよいですし、Bさんに対しては「効率」の視点がないことを指摘すればよいことになります。

そして、あなた自身がビジネスをする際には、「効率」と「適正」のバランスを意識することです。

二項対立の対立軸には、「効率」と「適正」という視点があるのです。

とある刑事裁判で……

裁判員裁判もスタートし、注目を集めている刑事裁判。

どうやら、Q裁判所でも、「効率」と「適正」の二項対立が問題になっているようです。

法廷を、こっそりのぞいてみましょう。

検事さん：それでは、次の証拠の取調べを請求します。
裁判長　：弁護人ご意見は？
K弁護人：検察官から取調べの請求があった証拠は三八個ありますが、どれも本当に作成者が作ったものかわかりません。したがって、すべての証拠の作成者について証人尋問を申請します。
裁判長　：すべて不同意ということですか？
K弁護人：すべてです。
裁判長　：戸籍謄本とか前科調書とかの作成者も尋問するの？
K弁護人：ええ。
裁判長　：あほちゃうか。効率わるいわ。自白してるんだし、この事件、はよう終わらしたいんやけど。

K弁護人：「効率」の問題で裁判をするのですか？　司法は「適正」が求められるところです。何年かかってでも、すべての証拠について、本当に偽造じゃないかまでチェックしないと、「適正」とはいえません。

裁判長　：迅速な裁判の要請があるんや。刑事訴訟法、勉強せなあかんよ。

検事さん：あのお……。

裁判長　：なんや。

検事さん：バランスをとられたらいかがでしょうか。お二人とも。

【まとめ5】

「AかBか」の二項対立の視点には、

A「効率」

と

B「適正」

という対立軸がある。

6 「理想論」だと片づけられないためには、「メリットの宝庫だ」と思わせればいい？

——理想論と現実論

理想と現実

「君のアイデアは理想論にすぎるよ。ビジネスなんだから、理想論ではなく現実的な方法を考えてほしい」

Oさんは、自分の考えを熱く語ったところ、「それは理想論だ」と上司から一笑に付されてしまいました。

「理想と現実」という言葉は、日常でもよく使われますよね。

「わたしは、年収は最低でも一〇〇〇万円以上で、背が高くて、イケメンで、優しくて、おしゃれで、話が面白くて、わたしのことだけをずっとみてくれる男の人じゃないとダメなの」

Y子さんが好みのタイプの男性像を語ると、「それは理想でしょ。現実的な人を考えようよ」といわれるのがオチです。

こういった場面で、**わたしたちは、「理想」と「現実」という二項対立の視点を自然に使っています。**

ふだん使っている言葉なので、「理想論」と「現実論」という対立軸の具体的な説明はなくても、イメージはわくかと思います。

「ほんとうは客室乗務員になりたかったの。でも、わたし英語がぜんぜんできなくて。それであきらめたの」というOLのN子さん。

「僕は作家になるのが夢だったんだ。けれど、いくら文学賞に応募しても受賞できなかったから、家業を継ぐことにしたんだ」という精肉店のKさん。

このように「理想」と「現実」という言葉は、「実現できなかった夢」と「現実の自分」という意味で使われることが多いです。

なりたかった職業が「理想」で、実際の職業が「現実」です。

イチローや松坂のように、だれもがなりたい職業になれるわけではありません。努力だけでカバーできない職業もあります。持って生まれた才能や能力・体格などから、なりたいけれどなれない職業はだれにでもあります。それが現実です。

これが日常生活で使う「理想」と「現実」の言葉のイメージだと思います。

論理思考では？

論理思考で使う「理想論」と「現実論」という二項対立の視点は、こうした職業に限られるものではありません。なりたい自分だけに限定されるものではありません。

むしろ、**ビジネスシーンで登場する「理想論」は、自分の個人的なことよりも、組織や業務のあり方に関することの方が、圧倒的に多い**です。

それは、会社のあるべき姿であるとか、部署のあるべき姿、プロジェクトのあるべき姿、営業のあるべき姿といったようなものです。

冒頭のOさんは、所属している経理部の問題点や改善すべき点を、社内会議で熱く語っていました。

同じ部のだれもが「たしかにそうだよな」と思うような指摘でした。

けれど、同時にOさんの指摘のとおり日常業務を改善することは、現実的には難しいことだと、だれもが感じました。

あるべき姿としての「理想論」をOさんは提案しました。

しかし、同じ部署の人たちは、Oさんの指摘そのものは理解できるけれど、それを現実に変えていくことは無理だと判断したのです。

このような議論がされるとき、Oさんの主張は「理想論」と呼ばれます。

理想論はいやがられる?

「理想論」と呼ばれるのは、その対立概念(反対概念)である「現実論」が逆の考えとして存在しているからです。

Oさんの上司を含め同じ部署の多くの人たちは、Oさんの「理想論」は実現困難だと判断しました。つまり、「現実論」を採用したのです。

Oさんの提案は、N子さんやKさんが描いていた夢（なりたかった職業）と同レベルかというと、少し毛色が違います。

なぜなら、Oさんの主張は「理想論だ」という評価を受けましたが、本当に一〇〇％実現できないのかというと、必ずしもそうではないからです。

ただ、日常業務を毎日こなす同じ部署の人間にとって、Oさんのように、理想論でがちがちにかためられた「最善の行動」を求められることは、苦痛だったというだけなのです。忙しいビジネスマンにとって、「理想論」は煙たがられるのが常です。

それは、端的にいえば、現実的に業務としてこなしていくのが「面倒だ」ということです。

ただでさえ忙しいのだから、**「面倒」な「理想論」**は振りかざさないでほしい。**山のようにある仕事をこなすだけでも大変だという「現実」**をみてほしい。

これが、**「現実論」者の根底にある考え方**です。

そこで、Oさんのように、いまのやり方を改善していこう、変えていこうという想いがある場合、がちがちの「理想論」をかかげてしまうと、却下される可能性が高くなります。ただでさえ忙しくて大変な「いま」を変えるということは、いま以上にエネルギーを使うので、**「面倒」なことだからです。「面倒なことだ」と思われた瞬間に、Oさんの提案は、「それは理想論だね」といわれてしまいます。**

みんな「面倒」なことはイヤだからです。

説得するためには……

そこで、あなたが社内で「改革をしよう」「改善をしよう」と考える場合、周囲の賛同を得るためには、できる限り「面倒なことだ」と思われないようにする必要があります。

逆に、その改善をすると、「いま」より「ラクになる」と思わせる提案をする必要があります。あるいは、「いま」ある「イヤなことがなくなる」と思わせる提案にする必要があります。

それが多くの人に共感できるものであればあるほど、あなたの提案は「それは理想論だね」とはいわれなくなります。あなたの考えに共感しない人からは「それは理想論だ」と反対されるかもしれません。

けれど、あなたの提案に共感した人からは、「いや理想論ではない。ここを〇〇すれば変えられるはずだ」「現実的に可能な提案だ」と擁護してもらえるはずです。

このように、**論理思考の視点としての「理想論」と「現実論」は、「面倒だ」と思われてしまう考え方か、「ラクになる」と共感してもらえる考え方か、という感情の対立から生じる対立軸です。**

ビジネスシーンでは、「理想論」だというレッテルを貼られた瞬間に、その提案はボツになります。逆に、相手の主張に反対したいときには、「理想論」だというレッテルを貼ってしまえばいいことになります。

これに対して、企画や主張を通すためには、周囲の人に「理想論」だと思わせないように、実現可能であることを示す工夫が必要になります。もっとも、実現可能性を示すだけでは、「いまを変える」というエネルギーのいることそのものをイヤがる人が多数あらわれるため、感情レベルでのフォローが必要になります。

それが、いまを**変えれば「ラクになる」「イヤなことがなくなる」というメリットを示す**ことです。

「理想論だね」というレッテルを貼られる考え方は、要するに内容に魅力が乏しいのです（むしろ改善によって生じる「面倒」なことがイメージされます）。つまり、**感情レベルでデメリットの塊《かたまり》だと思われてしまう**のです。

これに対して、「理想論だね」といわれず、「いいね。それ。やってみよう」と賛同を得られる考え方は、内容に魅力があるのです（改善することによって生じる「面倒」なことよりも、改善によって「ラクになること」がイメージされるのです）。つまり、**感情レベルでメリットの宝庫だと共感してもらえる**のです。

二項対立の視点⑥

このように、「AかBか」の論理思考には、**「理想論」と「現実論」という二項対立の視点**があります。

そして、この「理想論」と「現実論」という対立軸は、聞いた人が「面倒だ」と思うか、「ラクになる」と思うかという感情レベルに結びついています。

奥さん：あなた、ベランダでタバコばかり吸ってないで、休日は、家のこともやってください。
あなた：……（ホタル族の気持ちがわかってたまるか！）
奥さん：なに黙ってらっしゃるの。イヤそうな顔して。
あなた：仕事で疲れているんだ。毎日深夜まで残業でがんばっているんだから、休日くらいは休ませてくれたっていいだろう。
奥さん：わたしは三六五日、家で家事をしているのよ。あなたもお皿くらい洗ってください。お皿洗えないなら、お風呂掃除くらいしてください。
あなた：苦手なんだよね。家事って（だからこそ結婚したんだけどね！）
奥さん：あなたの会社では苦手な業務はしなくてよくって？
あなた：そんなこと許されるわけないだろう。社会人は厳しいんだよ。仕事に得意も苦手もない。
奥さん：家事に苦手も得意もないわ（わたしだって、あなたのワイシャツのアイロンがけなんて面倒だし、苦手だし）。
あなた：それは君の仕事だろう。
奥さん：平日までやってほしいといってるわけじゃないの。せめて休日だけでいいから、お風呂掃除だけでいいからやってちょうだい。

あなた：……（面倒くさいなあ。困ったなあ）
奥さん：そういえば、あなたがこのまえほしいといってた車だけど。
あなた：なんだよ、いまさら。車は買っちゃダメなんだろ。
奥さん：買ってもいいわよ。
あなた：えっ？　ほんとうに？
奥さん：ええ。そのかわり、休日はお風呂掃除をやってちょうだい。土日だけでいいから。土日だけなら、そんなに大変じゃないでしょう。
あなた：わかった。それくらいおやすいご用だよ。

【まとめ6】

「AかBか」の二項対立の視点には、

A「理想論」

と

B「現実論」

という対立軸がある。

7 新型インフルエンザから身を守るためには、どのような視点が必要か？

――事前と事後

新型インフルエンザの対策は？

二〇〇九年は、新型インフルエンザの対策・対応がニュースになりました。

新型インフルエンザは、病院も医師も、国も地方公共団体も、企業も家庭も対策・対応が必要になります。そのため、日本に上陸した当初は新聞やニュースでも大きく報道されました。今後も、大流行のおそれが懸念されています。

こうした伝染病や災害への対策・対応を論じる際には、次の視点を持っておくとよいです。

それは、**「事前」**と**「事後」**という**視点**です。

「事前」の対策、**「事後」の対応**といってもよいでしょう。

新型インフルエンザは、世界的な大流行になることが、以前から予想されていました。そして、鳥インフルエンザや豚インフルエンザが、人から人に感染するウィルスに変異するのは時間の問題だといわれていました。世界的なパンデミック状態になる日は近いといわれていました。

このように、**将来起きることが予想される問題に対して、あらかじめ対策を練っておくことを「事前」の対策といいます。**

新型インフルエンザの問題では、厚生労働省が流行前からガイドラインなどを策定し、流行した際には、どのような被害が予想されるかなどを試算し、ホームページなどで公表していました。※また、流行に備えて、国や地方公共団体、企業や家庭で、あらかじめどのような対策をとっておけばよいかなどについても、呼びかけをしていました。最低でも二週間分の食料や飲料水は確保しておくべき、といったものが**「事前」の対策**です。

これに対して、実際にメキシコやアメリカ合衆国で新型インフルエンザの感染者が報告された際、日本では水際対策として、国際線が日本に着陸するたびに、国内に感染者が入ってこないよう厳しいまでの検査を連日連夜行っていました。これが、**「事後」の対応**です。

感染者が報告された大阪市内の学校などでは、一定期間、学校を休校にするなどの対策もとっていましたが、これも**「事後」の対応**です。

地震対策は？

最近では、大型地震に備えて、小中学校の窓の部分に、×印の形で建物の補強を行っているのをみかけます。

また、東京都では、地震が起きたときに、地上に降りることができない高層マンションの住人が発生することを想定し、高層マンションを建設する際には、五階ごとに二週間分の食料を備蓄する倉庫を設置することを義務づける条例を制定しようという動きがあるようです。

これらは、地震に対する**「事前」の対策**です。

東京では、一九二三年の関東大震災以来、大型地震は起きていませんので、「事前」の対策が進んでいますが、いずれ「事後」の対応をしなければならない日がくるかもしれません。

二項対立か?

このように、伝染病や災害に対しては、将来起きることを想定することで、「事前」の対策が可能になります。また、実際に起きてしまった後には、「事後」の対応をしていくことになります。

この**「事前」と「事後」の視点**は、物事が対立しあうというほどのものではないので、「二項対立」とまでいえるのか、疑問のある方もいるかもしれません。

しかし、**物事の対策を考える際には、截然《せつぜん》と分けて、論じるべき視点という意味で、論理思考の「視点」の一つ**といえます。

二項対立の視点⑦

将来起こりうる問題について、当社がどのように対応すべきかという議題がある場合。思いつくままに、対応方法を述べていくだけでは、論理的ではありません。対応方法が整理できません。

こういうときに、**「事前」と「事後」という二項対立の視点を持っていれば、**

「1　事前の対策」

「2　事後の対応」


という具合に、論ずべき問題をきれいに二つに分けることができます。


「まずは、**事前の対策**について、ご意見ありますか？」

「続いて、**事後の対応**について、ご意見ありますか？」


という具合に、整理して議論を進めることができます。

ビジネスにも活かせる？

この「事前」と「事後」の視点は、伝染病や災害の対策・対応に限りません。

会社で進めようとしているプロジェクトがあるとして、そのプロジェクトを進めるにあたり、「事前に問題になる点」と「事後に問題になる点」を分析するというのは常とう手段ですよね。

あるいは、一時期、日本でも敵対的買収が流行りましたが、会社がXファンドに買収されるかもしれない、ＴＯＢ（株式の公開買付け）をかけられるかもしれない、といった予兆を察知したU社では、現時点で考えられる「事前」の対策と「事後」の対応をシミュレーションして検討することになるでしょう。

こうした**ビジネスにおける事業活動や戦略を検討する際にも、「事前」と「事後」の視点は強力な武器になります。**

たとえば、金融機関がある中小企業Ｐ社から融資の依頼を受けた場合、新規顧客であれば、Ｐ社の信用状況を調査するでしょう。そのうえで、Ｐ社の自社ビルに抵当権を設定して、担保を得ておくことになるでしょう。これは、お金を貸すまえにすべき**「事前」の対策**です。

これに対して、Ｐ社に融資をした後、Ｐ社の資金繰りが悪化し、返済が滞った場合に、督促手続をとったり、抵当権を実行するなどの法的措置をとるというのが**「事後」の対応**になります。

議論にも活かせる?

また、純粋な議論の場面でも、Aさんは「事前」の話ばかりして、逆に、Bさんは「事後」の話ばかりをしている、ということがあるかもしれません。

そういったときに、Bさんは、Aさんに対して、「それはあくまで事前の話だ。重要なのは、事後の話だ」といえば有効な反論ができるかもしれません。

これに対して、Aさんは、Bさんに対して、「いま検討すべきは事前の対策だ。問題が起きてもいないのに、事後の対応ばかり議論しても実益がない」などと切り返すことができるかもしれません。

「AかBか」の論理思考には、「事前」と「事後」という二項対立があります。視点として、ぜひ押さえておいてください。

H嬢　:○○さん、最近なにしてらっしゃるの。こそこそ、動き回っている感じがするわ（部屋の電話もビリビリ雑音が多いし、不安だわ。まさか、盗聴されてるのかしら）。

あなた:いやあ、なんでもないよ。（結婚前に、君の男性関係を洗っておきたいんだ。君は美人でスタイルもいいから、もてるだろうし。仕方ないんだよ）強いていえば、事前の対策だよ。

H嬢　：事前の対策？（なんだか気味がわるいわ。でもお金持ちだから、我慢して、玉の輿にのろっと）

（三年後）

H夫人：あなた、最近なにしてるの。外出するとき、こそこそ、あたしのこと付け回したりしてないわよね（まあ、結婚前から盗聴されてたけど……）。

あなた：いやあ、なんでもないよ（最近、君が外でよく会っている年下でイケメンのTくんとの密会現場を押さえようと思ってね。事前の対策では見抜けなかったからね。仕方ないんだよ）。強いていえば、事後の対応だよ。

H嬢　：事後の対応？（相変わらず気味がわるいわ。でも遺産をたくさんもらえるまで、我慢しよっと）

【まとめ7】

「AかBか」の二項対立の視点には、

A「事前」

と

B「事後」

という対立軸がある。

8 振り込め詐欺に、借金、さらに横領……彼女の本当の悩みはいったいなにか?

——主(メイン)と従(サブ)

あれもこれも問題か?

上司A:いろいろな問題があるようだけれど、一番の問題は××だろう。
部下B:ええ。ただ、○○も、□□も、△△も、▽▽も問題になります。
上司A:それはそうかもしれないけれど、一番重要な問題は××だろう。
部下B:一番目に重要なのは確かに××だと思います。ただ……。
上司A:ただ、なんだね。
部下B:ただ、××以外にも、○○や、□□や、△△の問題もありますし、▽▽や▲▲や▼▼も検討しなければなりません。
上司A:細かいことをいえばそうかもしれないけどね。でも、今回の問題で一番の問題点は××なんだろう。
部下Ｂ：ええ、まあ。
上司Ａ：そしたら、××の問題に重点を置いて対処すべきなんじゃないかね。
部下Ｂ：ええ、ただ……やはり……。

堂々めぐりの議論が続いているようです。

どのような問題にも、細かい点まで探しだすと、多くの問題点があるものです。「問題点をピックアップしよう」という発想で検討すると、次から次へと問題点がでてくる。それが、ほとんどの場合でしょう。

学校の授業であれば、問題点を数多くみつけることができた生徒が評価されました。だれも気づかないような細かい論点まで探しだせる人が、高い評価を受けました。

もちろん、問題点をすべてピックアップできる力は、ビジネスでも重要です。

問題点は絞り込む

けれど、**問題点を多くするだけ多くしても、それだけではなにも解決しない**ということに注意を向ける必要があります。

問題点が多くなればなるほど、その問題は解決しなくなるのです。

重要な問題点の八割方は解決したのに、「でも、よく考えてみるとこんな問題もあるし、あんな問題もある」といいだしたらきりがありません。

冒頭の会話で、上司のAさんが、部下のBさんに繰り返し確認していたのは、「一番重要な問題点は××だよね」ということです。

その問題のなかで解決すべき最も重要な問題点は××だと断言しています。**「選択と集中」**という言葉がありますが、上司Aさんの考えは、最も重要な問題点である××を「選択」し、その解決に「集中」すべきというもの。

これに対して、部下のBさんは、たしかに××が一番重要かもしれないけど、ほかにもたくさんの問題点があることが気になっています。

いわゆる**「論点主義」**といわれる考え方に近い発想です。

論点主義の問題点

「論点主義」というのは、司法試験の論文試験における受験生の態度として、マイナスのイメージで語られることが多い取り組み方です。

どういう取り組み方かというと、その問題文に関連する論点を、次から次へとピックアップし、問題になりそうな論点すべてを取り上げるのです。

論点主義の一番の問題は、**メリハリがない**ことです。

思い浮かぶ論点はすべてピックアップしないと気がすまない。すべてを序列なくダラダラと論じていく。

これでは、

「論点を抽出する力」は示せても、

「その問題で最も重要な論点を見抜く力」は示せません。

論点をもれなくピックアップするという作業は、ある程度の知識があればだれでもできます。それは既存の知識（既存の論点）を前提にして、その問題文にある論点を拾い上げていけばすむことだからです。

これに対して、**論点はすべてピックアップしたうえで、「その問題文で最も重要な論点はどれか」に気づくことは、研ぎ澄まされた感覚と実力がないとできません。**

数多く存在する論点のなかから、その問題文で最も重要な論点を見抜き、そこに集中して答案を書いていくということは、勇気がいることだからです。なぜならば、その問題文では「重要ではない」という判断のもと、「ピックアップはしても、答案には書かない論点」を作ることになるからです。そして、そのことを気にしないで、重要な論点に精力をそそぐ態度が必要になるからです。

司法試験の論文試験では、論点主義は合格しにくく、メリハリづけができた答案の方が合格しやすいといわれています。

それは、最も重要な論点を見抜くことができれば、問題を作成した人の出題意図に正面から答えることになるからです。


これは司法試験の答案に限りません。

裁判官が書く判決文

たとえば、裁判官が書く判決文では、「何が一番重要な問題か」ということが常に意識されています。

訴訟で争いになっているポイントを「**争点**」といいます。

裁判官は、判決を書く際、当事者間で争いになっているポイントを「**争点**」として指摘します。

原告と被告との間では、どろどろの争いが繰り広げられ、争いのある事実は数限りなく無数に存在しています。争いのある事実が多すぎて、収拾がつかないからこそ、裁判まできてしまったのです。

このように、裁判所に持ち込まれる事件のほとんどは、当事者間で争いのある事実が数限りなくあります。

けれど、判決文をみると、争点はせいぜい三つ程度です。

「ああでもない、こうでもない」と数限りない争いがあったはずなのに、判決文では争点が三つになっています。

それは、原告が求めた裁判を判断するにあたって、最も重要な問題点を、裁判官が絞りこんだからです。

つまり、裁判官は判決を書く際には、原告が求めている請求が認められるかどうかを判断するために、必要最小限度の争点を**「主（メイン）」**として絞りこんで、その争点を重点的に判断する手法をとっているのです。

主（メイン）と従（サブ）

冒頭の上司Aさんが、論点主義的な部下Bさんに、いらいらしていたように、ビジネスシーンでも、いま最も力を注ぐべきことを見抜けないと、成果は出せません。

Aさんも、Bさんが指摘するような多くの問題点があることは知っています。そのうえで、

最も重要な問題点が××であると見抜いているのです。

このように、最も重要な問題点を「**主（メイン）**」といいます。

これに対して、それほど重要でない問題点を「**従（サブ）**」といいます。

経験のあるAさんは、Bさんが指摘する問題点を一つひとつ検討したうえで、それが「主（メイン）」なのか「従（サブ）」なのかを判断しました。その結果、**本件で「主（メイン）」といえるものは、××だけだと見抜いた**のです。

二項対立の視点⑧

効率よく物事を進めるためには、**「主（メイン）」と「従（サブ）」という二項対立の視点**を見抜くことが必要です。

この対立軸を見抜くことができれば、効率がよくなるだけでなく、本質に迫ることができます。結果、ビジネスでも成果を上げることができるはずです。また、議論でも、説得力ある主張をすることができるはずです。

「主（メイン）」と「従（サブ）」という視点を持つことは、そもそもわたしたちの人生が有限であることからすれば、非常に重要な武器になることがわかると思います。

選択すべきことが山ほどあるなかで、「主（メイン）」を見抜くことができれば、それに集中することで最大限の成果を上げることができます。結果、ムダな時間は省くことができるからです。

有名な法則にも合致している？

この考え方は、**「80対20の法則」**と呼ばれるフレームワークにも合致しています。**「80対20の法則」というのは、おおざっぱにいってしまうと、物事の八割は、最も重要な二割で決まるというもの**です※。

その二割がなんであるか、「主（メイン）」がなんであるか、これを意識できるようになると、本質に迫れるようになります。

「AかBか」という二項対立の視点には、「主（メイン）」と「従（サブ）」という対立軸があります。

この視点をマスターすることで、論理思考ができるようになり、本質を見抜く力が身につきます。

あなた：浮かない顔してどうしたんだい？
彼　女：なんでもないわ。
あなた：いつもと様子が違うようだけど、悩みごとでもあるのかい？
彼　女：だいじょうぶよ。なんでもないの。
あなた：心配だよ。ボクのことを信用してほしいな。
彼　女：ありがとう。○○さんって優しいわね。
あなた：そんなことないよ。君のことを気にかけているだけだ。
彼　女：ありがとう。嬉しいわ。
あなた：なんでも話していいんだよ。どんなにささいなことでも。
彼　女：そういわれると、安心するわ。
あなた：聞くことはできるから、ほんとうになんでもいってね（この本に書いてあった「主（メイン）」と「従（サブ）」の視点を使えば、ちょろいもんさ。女の子の悩みなんてささいなことが多いし）。
彼　女：うん。ありがとう。実は……。

あなた：実は、どうしたんだい？
彼　女：振り込め詐欺にあっちゃったの。
あなた：えっ、あ、あの、ニュースとかでやってる？（予想外に重いな……）
彼　女：そうなの。父が事故を起こしたって電話があって。示談金に必要だからって……。だまされちゃったの。バカでしょ、わたし。
あなた：そ、そんなことないよ。だれでも信じちゃうって、きっと（ふつう信じないけど）。
彼　女：やさしいのね、ありがとう。それで二〇〇万円、消費者金融から借りて振り込んでしまったの。それで、消費者金融からの借金も知らない間に増え続けて、よくわからないけど利息とかもいれると、もう五〇〇万円近いみたいなの。
あなた：ご、ごひゃくまんえん？　いったい、いつ借りたんだい？（どちらも重いぞ……）
彼　女：あなたにはずっと黙っていたけど、ずいぶん前のことよ。それから、バッグとかほしいからいろいろ借りちゃって……。債権者からの電話が鳴りやまないの。どうしたらいいかしら。
あなた：弁護士に相談したほうがいいよ。借金の対応にも、いまはいろいろ手段があるみたいだし。

もともと被害者なんだし（重い問題ばかりだけど、どれも法律問題だ。「主（メイン）」の視点でいけば、要は弁護士の先生に相談すればよい、ということだろう。この本を読んでおいてよかった！　しかし、どさくさにまぎれてバッグまで買ったのか……）。

彼　女：……それでね。

あなた：ん？　なんだい？（えっ、ま、まだあるのか……）

彼　女：なんでも聞いてくれるのよね。

あなた：も、もちろんだよ（「主（メイン）」と「従（サブ）」の視点でいけばいいんだ。次は、たぶん「従（サブ）」だろう。冷静にいこう）。

彼　女：消費者金融からの借金を返すために、会社のお金を横領しちゃったの。

あなた：ど、どひぇー。ま、マジで？（こ、これまた重い……というか犯罪じゃないか……）

彼　女：マジなの。それで、そのことが会社の人事部の部長にばれちゃって、くちどめ料だとかいわれて、何度か食事に連れて行かれたの。

あなた：ぶ、部長と食事に？（話が急展開だぞ……）

彼　女：断れなかったの。わかるでしょ。

あなた：う、うん。まあ、弱みを握られていたんだものね。

彼　女：そうよ。仕方ないでしょ。それでね……。

あなた：ちょ、ちょっと待って。まだあるの？

彼　女：ダメかしら。ダメならやめるわ。

あなた：い、いやいいんだ。何でも話してくれて（「主（メイン）」を見抜けばいいんだ。「従（サブ）」にまどわされず、「主（メイン）」を見抜けば……）。

彼　女：でね。……。

あなた：うん、なんだい。

彼　女：で、……、実は……その部長と何度か食事に行くうちに……。

あなた：ま、まさかっ？

彼　女：ごめんなさい。部長のこと……好きになってしまったの。

あなた：（ガーン）……。

彼　女：っていうか、実はもうつきあってるの。……でもね、でもあなたのことも好きなの。

あなた：……（思考停止……）。

彼　女：だけど部長には、あなたと別れろっていわれてるの。でもあなたとは別れたくないの。わたし、どうしたらいいかしら？

あなた：……（混乱）。

彼　女：それから……。

あなた：……（不安）。

彼　女：○○さん、わたしの話、聞いてる？

あなた：う、うん。聞いてるよ（聞いていられる話じゃないんだけど）。
彼　女：それでね、いま一番悩んでいるのは……。
あなた：……（一番悩んでいるということは、それが「主（メイン）」じゃないか……。最後に「主（メイン）」がくるとは……）
彼　女：一番悩んでるのは……ね、今日の晩ご飯、なににしようかってことなの。○○さん、なにが食べたい？
あなた：それ「従（サブ）」です。

【まとめ8】

「AかBか」の二項対立の視点には、
A「主（メイン）」
と
B「従（サブ）」
という対立軸がある。

---

9 案件のなかで登場する複数の課題は、どのように対処すればよいか？

――並列関係と優劣関係

どちらのアプローチが正しいか？

上司A：この案件のなかで、XとYの二つの課題がでてきたね。

部下B：ええ、どうやらXとYの二つが問題のようです。といっても、Yの問題は、Xの問題をクリアして初めてでてくる問題ですので、まずは、Xの問題を検討すべきだと思います。

上司A：そうかな。わたしはYの問題は、Xの問題があろうがなかろうが検討しなければならない課題だと思うが。

部下B：いえいえ、Yの問題は、Xの問題をクリアしないとでてこない問題ですよ。Xの問題の方をまずもって検討しなければならないはずです。

上司A：うーん。そうかね。わたしはXの問題もYの問題も「並列」的に登場する検討課題だと思うよ。どちらかが優先して、どちらかが劣後するという問題ではないだろう。

上司Aさんと部下Bさんの会話を聞いていると、XとYという二つの問題の「関係」の捉え方に対立があるようです。

Aさんは、Xの問題とYの問題との間に序列はないと考えています。

これに対して、Bさんは、Xの問題とYの問題との間には序列があると考えています。まずXの問題があって、それをクリアして初めてYの問題が登場すると考えているようです。

並列と優劣

複数の事柄に序列がない場合、**「並列」の関係**といいます。

複数の事柄に序列がある場合には、**「優劣《ゆうれつ》」の関係**といいます。

Aさんが考える「XとYの関係」は、**「並列」**の関係です。

Bさんが考える「XとYの関係」は、**「優劣」**の関係です。XがYに**「優位」**し、Yが

Xに「**劣後《れつご》**」するとBさんは考えているからです。

二項対立の視点⑨

このように、**「AかBか」の二項対立の視点には、「並列」と「優劣」という対立軸があります。**

複数ある物事の関係を分析する場合に、役に立つ視点です。

論理思考の基本には、複数ある物事の「関係」をどのように整理するか、といった考えがあります。

なんでもかんでも、物事を比較して「関係」性を分析していくのです。

その際に、そこにある複数の事柄が「並列」の関係にあるのか、それとも「優劣」の関係にあるのかといった視点で分析すると、「関係」を上手に説明できるようになります。

議論やビジネスでも使えますし、論文などを書く際にも使える便利な視点です。ぜひ覚えておいてください。

あなた：そろそろ車がほしいな。
奥さん：まだまだいらないわ。
あなた：まだまだって、いったい、いつになったら車を買えるのさ。
奥さん：東京は電車があるから車なんていらないわ。
あなた：でもあった方が買い物とかでも便利だろう。
奥さん：そうかもしれなけれど、車を買うくらいなら、買ってほしいものがほかにたくさんあるわ。
あなた：なんだよ。ほかに買ってほしいものって。
奥さん：バーキンのバッグとか、カルティエの時計とか、熱海に別荘とか、いろいろよ。
あなた：そんなの嗜好品ばかりじゃないか。ブランドものばかり買っても高いだけだ。熱海に別荘なんて贅沢だよ。車の方がよっぽど先だ。
奥さん：いえいえ、わたしにとっては、車は後よ。
あなた：そ、それってもしや、「優劣関係」のこと？
奥さん：はっ？　なにいっているの。意味わからないわ。
あなた：いやいや論理思考の視点にあるんだよ。この本に書いてあったんだ。
奥さん：そんな本知らないわ。わたしは、車はいらないっていってるだけ。

あなた：いらない？　さっきは、ほかに買ってほしいものがあるっていってたじゃないか。
奥さん：ええあるわ。ほかにもまだまだたくさん。
あなた：じゃあ、そのほかにもたくさん買えば、車を買っていいんだよね？
奥さん：車はいりません。必要ないわ。買いません。
あなた：「必要性」がないってこと？
奥さん：そんな難しい言葉ばかりいわれても、わからないわ。我が家では車は禁止です。
あなた：えー、き、「禁止」レベルなの？
奥さん：いちいち漢字の言葉でまとめられても困るわ。ほんとにあなたって女性の気持ちがわかってないわね。
あなた：二項対立の視点を勉強していてさ。
奥さん：まだまだ勉強が足りないようね。あなたとわたしも対立してるのよ。
あなた：意味がわからないよ。
奥さん：わたしに使える「二項対立」とやらの視点を、せいぜい考えたらいいわ。その本とやらを読み終えるまでに。まあムリでしょうけどー。あははは（答えが知りたい人は最後まで読んでくださいね）。

【まとめ9】

「AかBか」の二項対立の視点には、

A「並列関係」

と

B「優劣関係」

という対立軸がある。

10 おとり捜査をやってもいいかは、「木をみて森をみず」の発想から考える？

――全体と部分

木をみて森をみず

「木をみて森をみず」という格言があります。

「木」というのは「森」全体からすれば、ごく一部にすぎません。

全体からみれば、ごく一部分にすぎない「木」ばかりをみてしまう。

「枝葉末節《しようまっせつ》」という言葉もありますが、**一本の「木」は、森全体からみれば、枝葉《えだは》のようなものです。**

目の前にある「部分」だけをみていてはダメ。

目の前にある「部分」が、その「全体」からすると、どのように位置づけられているのか。「全体」像は、どのようになっているのか。

「俯瞰《ふかん》」ともいうべき、大きな視点を持たなければならない。

「木をみて森をみず」という格言は、こうした**「もののみかた」**の重要性を教えてくれるものです。

全体像を把握しよう

わたしが法律の勉強を始めたころ、予備校の先生から**「まず、目次を読みましょう」**と教わりました。

いきなり細かい法律の条文や判例に入っても、法律全体の構造がつかめていないと、砕け散るのがオチです。実際に、こうしたアプローチをしたため、法律科目を修得できなかった法学部の学生は非常に多いと思います。

わたし自身も、細分化された科目ごとに行われる大学の授業だけでは、残念ながら力及ばずで、その法律科目の全体像を理解することはできませんでした。

刑事裁判の話

たとえば、刑事裁判のルールを定めた「刑事訴訟法」を勉強する場合、いきなり「おとり捜査は適法か」であるとか「別件逮捕・取調べは適法か※」といった個別の論点に入るのは、得策ではありません。もちろんそれでも、個々の論点は理解できるかもしれません。

けれど、刑事訴訟法という法律がどのような目的で作られているのか、その存在意義を知っておかないと、「木をみて森をみず」の世界に行ってしまう危険が高いです。

そこで、刑事訴訟法を勉強しようという場合、まず、その目的を理解することが重要です（法律を勉強したことがない方も、難しい話はしませんので、おつきあいください）。

刑事訴訟法の目的は、

①「真実の発見」

②「人権保障」

の二つの調和だといわれています。

これは、まさに本書が扱う**「二項対立」**です。

つまり、刑事訴訟法という法律は、AかBかの「二項対立」という視点で考えると、

「真実の発見」か「人権保障」かという二つの対立軸があるのです。さきほど挙げた典型論点を含め、すべての刑事訴訟法の論点は、この「真実の発見」と「人権保障」の二項対立でできています。

たとえば、「おとり捜査は刑事訴訟法上許されているか?」という論点については、「真実の発見」をするためには、犯人を逮捕し取調べをする必要があります。そこで、「真実の発見」という視点からは、「おとり捜査」もやるべきだという価値判断が導かれます。

これに対して、「人権保障」という視点からは、「おとり捜査」などという人をだますような捜査をしてよいのか、それは被疑者（容疑者）の「人権保障」を無視するものではないか、という価値判断が導かれます。

「別件逮捕・取調べ」の論点も同じです。「真実の発見」をするためには、犯人をみつける必要があるため、殺人罪という「本件」の捜査目的で、住居侵入罪という「別件」を利用した逮捕や取調べをすることもいいだろう、となります。「真犯人をみつけるためには、どのような手段でもかまわない」、という考えにつながりやすくなります。

これに対して、被疑者の「人権保障」を考えると、住居侵入罪の令状で逮捕して取調べをしておきながら、本当は別の殺人罪の取調べをしていたとなると、それは「裁判官が出す令状（逮捕状）がなければ、逮捕はできない（現行犯逮捕などの例外は除く）」という**「令《れい》状《じょう》主義」**の精神に違反するのではないか、ということが問題になります。

捜査方法は「人権保障」の視点からは、「適正」でなければならないという要請が働くからです。

全体と部分

このように、**なにか新しいことを勉強しようとしたら、まず、「全体」像を押さえることが大切**です。

「各論」よりも、まずは「総論」をマスターする必要があるのです。

これは、フルマラソンにたとえると、わかりやすいと思います。

フルマラソンでは四二・一九五キロを完走する必要があります。

したがって、自分がいまどの地点を走っているのかを意識することが、ペース配分にもつながり、息の長いレースができます。

四二・一九五キロという「全体」のなかで、いま走っている「部分」は、何キロ地点なのかという視点を持つのです。

この**「全体」と「部分」という視点は、論理思考でも重要な視点になります。**

Aさんが「全体」像ばかり話をして、具体的にいま問題になっている個別の「部分」に触れない場合、Bさんは、**「本件の個別の問題を捉えていない」、「総論ばかりで各論の視点がない」**などと反論できます。

これに対して、個別の「部分」の話ばかりしているBさんに対して、Aさんは、**「あなたは全体像がつかめていない」、「各論ばかりやっても、総論の視点がないと本質はみえてこない」**などと批判できます。

二項対立の視点⑩

「AかBか」という二項対立の視点には、「全体」と「部分」という対立軸があるのです。

Aさん：重要なのは全体像だね。全体像を理解していれば、どんな問題も解決できる。全体像の理解ほど、重要なことはない。

Bさん：全体像もいいけど、いまここで問題になっている論点Xは、あくまで論点Xとして個別の問題を持っている。君の考えだと、なんでもかんでも、全体像で考えるようだけど、そんなに便利な視点があるのなら、新しい論点なんて誕生しないじゃないか。

Aさん：まさにそのとおりだよ。新しい論点などない。全体像にある視点によって、すべての個別の論点は解決できる。だからこそ全体像なんだ。個別の問題をすべて整理して、体系的にまとめた視点が全体像。だから、全体像は万能なんだよ。

Bさん：君の考えをきいていると、新しい論点を考える必要はないということかい？　なんだか古くさい昔ながらの考えを捨てられない老人みたいだね。

Aさん：老人をばかにしちゃいけない。人の価値は経験だ。人生経験が長い老人はそれだけで価値がある。経験があるほど全体像がみえる。全体像がわかっている人には、新しい論点も、実は新しい問題にはみえないんだ。背後にある考え方は変わらないからね。

Bさん：ふーん。なんだかエラそうな考えだな。

Aさん：君のほうこそ、エラそうだよ。

「全体」の視点で、問題を解決しようとするAさん。
「部分」の視点で、問題を解決しようとするBさん。

必ずしも、どちらかが一方的に正しいという話ではありません。
ただ、Aさんがいうように、**「全体」像をつかんでいる人は強い**です。
未知の問題に遭遇しても、解決の視点を持っているからです。
あらゆる問題に「応用」が効く。これが「全体」像をつかんだ人の強みです。

これに対して、**個別「部分」の視点だけで乗り切ろうとすると、「応用」がききません。**
新しい問題が出るたびに、個別にその問題を研究しつくさないと、解決をすることができません。

冒頭の**「木をみて森をみず」という格言も、「全体」像の力を示すものです。**

「全体」と「部分」という二項対立を、ぜひともマスターしてください。

視点の重要性

なお、「全体」と「部分」という視点を持っておくと、フルマラソンの例のように、「全体」像のなかで、いま議論しているテーマは、どのような位置づけ（「部分」）なのかというみかたができるようになります。

「全体」と「部分」という二項対立は、論理思考にとって重要な視点です。

【まとめ10】

「AかBか」の二項対立の視点には、

A「全体」

と

B「部分」

という対立軸がある。

11 イチローと松坂を比べるには、どういう視点を使えばいいか？

――共通点と相違点

だれかに似ている？

母親：あなた、なんだか最近だれかに似てきたわね。
息子：だれかに似てる？　そんなことないぜ。オレはオレの人生を生きてるんだぜ。だれにもマネできないし、だれのマネもしてないんだぜ。
母親：そうかしら。そのしゃべり方も、話の内容もだれかさんと、そっくりなんだけどねえ。
息子：それはおかしいね。母さん。そんなやつがいるとしたら、オレのしゃべりをパクったんだよ。そいつは。
母親：そうかねえ。どうみても、あなたが似てきたとしか思えないんだけどね、母さんには。
父親：ただいま。

母親：おかえりなさい。
息子：おかえり。
母親：今日もおそくまでご苦労様。なんだか最近ね、だれかさんに似てきた子がいるのよ。
父親：似てきた？　だれがだ？
母親：この子よ。
父親：こいつが？　だれに似てきたんだ？
母親：あなたによ。血は争えないわね。
父親：なにいってんだ。かあちゃん。そんなことないぜ。オレはオレの人生を生きてるんだぜ。だれにもマネできないし、だれのマネもしてないんだぜ。

血は争えないといいますが、当人たちは「似てない」と思っていても、はたからみると、そっくりな親子や兄弟がよくいますよね。

顔そのものはそっくりというほどではないけれど、手の動きが似ている父と子。後ろ姿がそっくりな父と子。しゃべり方や反応の仕方がまったく同じ母と娘……など。

わたしも、父と似ているとは思いませんが、実家にいたころに親戚からかかってきた電話に出ると、父とよく間違えられました。声がそっくりだというのです。そういわれても、声が似ているとは、わたし自身は思いません。けれど、ひとりやふたりでなく、大勢の方からいわれるので、客観的には似ているのかもしれません。

ここで挙げた例は、人の話でしたが、人に限らず、**物事には「共通点」があります。**

共通点と相違点

異なるもの同士を比較した場合でも、どこかに「共通点」があるものです。そして、**異なるもの同士を比較して「共通点」がみつかった場合、その「共通点」以外の部分は、「相違点」になります。**

このように、物事には**「共通点」**と**「相違点」**があります。

物事に「似ている」ところと「違う」ところがあることは、あなたも知っていると思います。「この本でいまさら説明を受けるまでもないよ」、と思われるかもしれません。

けれど、ここで重要なのは、**論理思考の「視点の一つ」として持っておく**ことです。

「AかBか」の二項対立には、「共通点」と「相違点」という対立軸がある。そのことを「視点の一つ」として知っておいていただきたいのです。

この「共通点」と「相違点」という視点を持っていると、いろいろな場面で役立ちます。

「論理的に考える」ということは、「視点を持って分析する」ということです。その際に、特に、**二つ以上の事柄を比較検討するときに、非常に役立ちます。**

司法試験の論文試験や、法学部の法律科目の試験などでは、「**一行問題**《いちぎょうもんだい》」というものがあります。

一行問題ってなんだろう?

「一行問題」というのは、文字通り問題文が一行……というわけでは必ずしもないのですが、一行で終わるくらい短い問題文のことです。多くは、「**○○について説明せよ**」であるとか、「**○○と××を比較せよ**」といった抽象的な問題になっています。いわゆる「**事例問題**」と対比されて「**抽象問題**」とも呼ばれることがあります。

このように、ある概念について説明をする場合、あるいは、ある概念とある概念の比較を求められた場合……**にすべきことは、「ある概念」と「ある概念と似《に》て非《ひ》なる概念」とを比較すること**です。

たとえば、「株式について説明せよ」という問題が出たとしたら、「株式」と似て非なるものとして「社債」を取り上げて、比較検討をすると厚みのある論述ができます。比較検討する際には、株式と社債の「共通点」と「相違点」を比較検討すると、的確な答えができます。

また、ストレートに「株式と社債を比較せよ」という問題がでたとしたら、同様に、「株式」と「社債」の「共通点」と「相違点」を比較検討します。

このように、**複数の概念を比較するときには、「共通点」と「相違点」という視点を使うと、論理思考ができます。**

株式と社債の問題でいえば、たとえば、「共通点」はなんだろう？　と考えると、「株式も社債も、株式会社にとって、資金調達の手段という点では同じだな」とわかります。これが共通点です。

他方で「株式と社債は、株式会社の資金調達の手段という点では共通しているけれど、どこが根本的に違うのだろう？」と考えてみます。

すると「株式は株主から出資を受けるものなので、原則として返済する必要はないものだな。これに対して、社債はあくまで株式会社に対する債権なので、社債権者には償還期限がきたら返済をする必要があるものだな。そうか、根本的な相違点は、返す必要があるかないかだ」ということがわかります。※

こうして、**「共通点」と根本的な「相違点」を分析したうえで、個々の細かい違いについてさらに検討をしていけばよい**のです。

「共通点」と「相違点」の視点が使えるのは、試験の「一行問題」の場面に限られません。

社内の議論で……

たとえば、AさんとBさんが社内で侃々《かんかん》諤々《がくがく》の議論をしていた場合、司会進行をしているあなたは、二人の意見を次のように分析することができます。

あなた：Aさんと Bさんの意見は真っ向から対立していますが、ここで整理してみましょう。整理してみますと、共通点は○○です。つまり、○○という点では、AさんもBさんも意見は同じなわけですね。

Aさん：まあ、そういわれてみればそうかもしれない。

Bさん：たしかに、○○の点は、特に争ってないですね。

あなた：○○の点については、お二人の意見は「共通」しているのですね。そうすると、お二人の意見の根本的な違いはどこにあるのでしょうか？　わたしがいま話を聞いていた感じですと、××の点で、AさんとBさんの意見の根本的な対立があるようです。

Aさん：そうだ。

Bさん：そのとおり。

あなた：ということは、AさんとBさんの意見は、○○の点では共通しているけれど、××の点で根本的な相違がある。このように整理できそうですが、よろしいでしょうか。

共通点や相違点は一つだけではない場合も多いので、ホワイトボードに「共通点」、「相違点」という項目を書いて、「どこが共通しているのか」、「どこが相違しているのか」ということを具体的に一つひとつ書きだしていく方法もあります。

もちろん、これはあなたが司会進行役である場合でなくても使える視点です。頭のなかで、あるいはメモなどを書きながら、「共通点」と「相違点」をピックアップしてみるのです。

こうすることで、複数の見解や事柄の比較が、論理的にできるようになります。

二項対立の視点⑪

「AかBか」という二項対立の視点には、**「共通点」と「相違点」という対立軸があるの**です。

あなた：突然だけど、イチローと松坂の違いってなんだろう？※
奥さん：ほんとに突然ね。なんなの、いきなり。
あなた：論理思考の視点を鍛えてみようと思ってさ。
奥さん：はっ？（また意味不明なことをいい始めたわ。きっと、どこかであやしい本を読んできて、影響

されたのね）

あなた：とにかく、共通点と相違点を挙げてみようよ。

奥さん：よくわからないけど、二人ともプロ野球選手じゃない。

あなた：あっ、そうか。それは随分と根本的な共通点だね。

奥さん：それに二人とも、日本のプロ野球で活躍してから、メジャーリーグで活躍してるわ。

あなた：たしかにそうだね。「共通点」って、けっこうあたりまえのところにあるんだなあ。

奥さん：そりゃあそうでしょう。あたりまえのところで比べなきゃ、別の人間の間に共通点なんて出てこないわ。顔違うし。年も違うし。体格も違うし。出身地も違うし。所属球団も違う。

あなた：そうだね。イチローは外野手だけど、松坂はピッチャーだ。守備も違う。血液型はどうなんだろう？

奥さん：知らないわ、そんなことまで。なんだか、あなたの比べ方は視点がぶれて、支離滅裂な感じがするわ。

あなた：そ、そうかな（論理思考を披瀝しようとしたのだけど、失敗だったか）。

奥さん：そうよ。なにを比べたいのか、はっきりさせないと。比べたいのなら、比較する視点をきちんとみつけないとダメよ。

あなた：なかなか鋭いね。この本にも書かれていたよ。

奥さん：そんなこと、わたしは知ってるわ。あなたは、本を読んでも理解できないみたいだけど。わたしは本を読まなくても、知っているの。

あなた：（そこまでいわなくてもいいじゃないか）す、すごいね。

奥さん：わたしだったら、イチローと松坂の「共通点」は、日本のプロ野球からメジャーリーガーになり、メジャーリーグでも活躍している日本人選手。そして、何といっても「天才」よ。これが共通点。「相違点」は、イチローは、甲子園やプロ野球入団当初は目立った選手ではなかったけれど、コツコツと努力をして自分のスタイルを追求していった職人タイプ。

あなた：なるほど。

奥さん：これに対して、松坂は、高校時代から決勝戦でノーヒットノーランを達成して優勝。ドラフト一位で西武に入団。わたしは横浜ベイスターズにきてほしかったんだけど、くじ引きで西武に行っちゃったのよね。

あなた：それはどうでもいいんじゃないかな。

奥さん：わたしには重要なのよ。要するに、松坂はイチローと違って、怪物タイプよ。二人ともある意味「天才」なんだけど、イチローは努力を重ねた「職人」さん。松坂は、得体の知れない「怪物」くん。

あなた：そうやって比較するのかあ。

奥さん：あなた全然、読んだ本を役立てられてないようね。
あなた：いやあ、勉強になったよ。
奥さん：ところで、あなたは、二人の共通点をなんだと思っていたの？
あなた：もちろん、年上の美人アナウンサーと結婚したことさ。
奥さん：論理思考とは、ほど遠いわね。
あなた：そうかな。
奥さん：まあいいわ。あなたの視点によると、年上の美人と結婚したっていう点では、あなたも、イチロー・松坂と共通してるじゃない。
あなた：そ、そうだね（「共通点」は、年上の点だけかもしれないけど）。
奥さん：なにかいった？
あなた：い、いや、なにもいってないよ。たしかにイチローと松坂とボクは「共通点」があったようだ。なんだか嬉しくなってきたよ。あははは。
奥さん：うーん。でも、それ以外は「相違点」ばかりなのよねえ。あー残念（わたしもアナウンサーやっておけばよかったかなあ）。

【まとめ11】

「AかBか」の二項対立の視点には、

A「共通点」

と

B「相違点」

という対立軸がある。

12 Ｊポップ好きの人が、ジョン・レノンを聴くことは、どう説明したらよいか？

――原則論と例外論

男女の会話

Ｊ男：やっぱりＪポップは最高だね。
Ｒ子：邦楽が好きなのね、Ｊ男くんは。
Ｊ男：もちろん、日本の音楽が一番さ。
Ｒ子：わたしは洋楽が好きだけど。
Ｊ男：いやいや、日本男児は日本の音楽が一番あうね。
Ｒ子：へえ。なんか古くさいわね。Ｊ男くん。昭和の人みたい。
Ｊ男：日本人に生まれた以上は、日本の歌詞が一番共感できるのさ。
Ｒ子：まあそれはわからなくはないけど、言葉はそうなのかもね。

J男：そうだろう。やっぱりR子も日本男児だ。
R子：わたし日本人だけど、女子だし。日本男児じゃないわ。
J男：ボクは平井堅が好きだなあ。ミスチルもいいし。コブクロもいい。サザンもいいし。ジョン・レノンもいい。
R子：ちょ、ちょっと。ジョン・レノンって、Jポップじゃなくない？　洋楽なんだけど。
J男：ジョン・レノンをバカにするのか、君は。
R子：なによ、急に怒り出して。意味わかんないんだけど。
J男：ジョン・レノンの歌には、魂がある。
R子：洋楽だから。ジョン・レノンは。日本人じゃないから。Jポップじゃないって。
J男：ジョン・レノンの奥さんは、日本人じゃないか。
R子：だからなんなのよ。ジョン・レノンの曲は英語じゃない。Jポップじゃないから。J男くんは、別に邦楽でも洋楽でもいいわけでしょ。最初からそういえばいいじゃない。こだわりがあってカッコイイなと思ったけど、ぜんぜん違うじゃない。なんだか、がっかり。
J男：ち、ちがうよ。ジョン・レノンは例外なんだよ。原則はJポップなんだ。

日本の音楽が好きだといっていたのに、ジョン・レノンも好きだといってしまったJ男くんは、R子さんに矛盾をつつかれました。

ジョン・レノンは洋楽だと。

答えに窮したJ男くんは、ジョン・レノンはあくまで「例外」なんだといって切り抜けようとしました。

原則論と例外論

このように、**ある主張をしていて、矛盾が生じた場合、その矛盾のようにみえる部分は、あくまで「例外」だとして処理する方法があります。**

「原則」はAだけど、**「例外」**的にBもある。

このように、**主張の柱となる考えを「原則論」といいます。**

これに対して、**「原則論」では説明できない部分を「例外論」といいます。**

J男くんは、R子さんに「苦しいなあ」と指摘されていますが、「原則論」と「例外論」を使い分けることは、決しておかしなことではありません。

「原則があれば、例外がある」という言葉があるように、物事には、「原則論」と「例外論」が必ずあります。

この「原則論」と「例外論」を巧みに使い分けられるようになると、論理的な説明ができるようになります。

どちらが強い?

「原則論」と「例外論」の視点で気をつけるべきことは、**あくまで「原則論」が強い**ということです。

基本的には「原則論」が力を持っています。力を持つからこそ「原則」なのです。

「原則論」と「例外論」の視点を巧みに使い分けるためには、**「例外論」を乱用しないよ**

うに気をつける必要があります。

原則と例外が逆転する?

「原則と例外が逆転する」という言葉がありますが、あくまで「原則論」が強くて、ごくまれに「例外論」が登場するという関係になければいけません。

J男くんが、ジョン・レノン以外にもビートルズも好きだし、エルトン・ジョンも好きだし、カーペンターズやマイケル・ジャクソンも好きだなどといい始めると、洋楽の方が強くなってしまいます。

こうなると、「原則と例外が逆転」してしまいます。

「原則論」と「例外論」の視点を使う場合、この点には気をつけてください。

二項対立の視点⑫

このように、「AかBか」という二項対立の視点には、**「原則論」と「例外論」という対**

立軸があります。

話をしている内容に矛盾が出てきそうな場合には、「原則論」と「例外論」という視点を使うことで、論理的に切り抜けることができます。

あたりまえのようにきこえるかもしれませんが、意識しないと「原則論」と「例外論」を使い分けることはできません。

論理思考の視点として、ぜひとも押さえてください。

先生P：うるさい！　静かにしなさい。私語は厳禁だといってるだろ！　授業中にはいっさい私語はしないこと。真剣に聞いている生徒の邪魔になるからね。授業中、おしゃべりは絶対にしないこと！

生徒E：……。

先生P：なに黙っているんだ、Eくん。わかったか？　わかったなら返事をしなさい。

生徒E：返事のときはしゃべってもいいのですか？

先生P：理屈っぽいやつだな。あたりまえだろう。
生徒E：わかりました。
（10分後……）
先生P：では、これからグループに分かれて、話しあってもらいます。
生　徒：（しーん）
先生P：話しあってください。
生　徒：（しーん）
先生P：みんな、どうしたんだ？　グループで話しあいを始めなさい。
生徒E：さきほど先生は、授業中におしゃべりはしてはいけないといいました。
先生P：それは原則だろう。グループでの話しあいのときは例外だ。

会議で相手を説得するには？

会議でAさんとBさんの主張が対立している場合などにも、「原則論」と「例外論」の視点は使えます。

よくきいてみると、Aさんは「原則論」に固執していて、Bさんは「例外論」を主張しているという場合があります。

こうした「原則論」と「例外論」の対立がある場合、どの点を強調すれば相手を説得できるでしょうか。

「原則論」に立つAさんは、ひたすら「原則論」を強調することになります。「原則論」の正当性を主張していけばよいことになります。そのうえで、Bさんがいうような「例外論」は本件では使えないことを指摘します。「例外論」を使うためには、よほどの理由が必要なはずであり、本件では「原則論」をくつがえすほどの**「特別な事情」**（=よほどの理由）はないといえばよいことになります。

これに対して、「例外論」に立つBさんは、本件で「原則論」を貫き通すことの**「不《ふ》都《つ》合《ごう》性《せい》」**を指摘します。

たしかに「原則論」は大事だけど、**本件のような特殊なケースで「原則論」を貫いてしまうと、こんな問題が生じてしまいますと。それはおかしいのではないでしょうかと主張するのです。**

その際の視点として大切なのが、最初に紹介をした**「必要性」と「許容性」の視点**です。

本件で「原則論」を貫いてしまうと、こんな「不都合」があります。だから、「例外論」をとる「必要性」があると主張します。そのうえで、本件は○○のように「特別の事情」があり、××の場合なので「例外論」を使ってもいい「許容性」があると主張するのです。

例外はあくまでも例外

「例外論」はあくまで特殊な場合にのみ使える「伝家《でんか》の宝刀《ほうとう》」です。

「伝家の宝刀」はめったに使えるものではありません。

めったに使えるものではない「例外論」を使う以上は、その**「必要性」**と**「許容性」**を立証しなければいけません。

「AかBか」の二項対立の視点には、「原則論」と「例外論」があります。

そして、「例外論」を採用したい場合には、「必要性」と「許容性」の視点もミックスして使います。これが論理思考のコツです。

【まとめ12】

「AかBか」の二項対立の視点には、

A「原則論」

と

B「例外論」

という対立軸がある。

13 製品に不具合が生じた原因は、どのように解明すればよいか？

――抽象論と具体論

あるメーカーで……

上司A：だいだいの問題点がみえてきたようだね。
部下B：ええ。ひとことでいえば、「全体」をみるか、「部分」をみるかという問題だと思います
（この本を読んでおいてよかった。「全体と部分」の視点を使ったら、うまくまとめられたぞ）。
上司A：「全体」と「部分」か。随分と抽象的だね。具体的には、どういうことだね。
部下B：具体的にいいますと、工場全体の流れの問題としてマクロ的に捉えるのか、あるいは個々の具体的な現場の問題としてミクロ的に捉えるのかという問題です（マクロとミクロという言葉も使えたぞ。論理思考っぽくなっただろう）。
上司A：君の話はもっともらしんだけど、抽象論だよ。どうしても、話が抽象的になっている。全

体とか部分、あるいはマクロとかミクロというのは、視点としてはそうかもしれないけれど、今回の個別の問題についての答えているようで、実はなにも答えていない。

部下B：ですから、工場全体の問題として大きく捉えるのか、あるいは個々の製造ラインの個別の問題として小さく捉えるのかという……。

上司A：まだまだ、抽象論だ。抽象的な視点を持つことはいいことだ。けれど、わたしがきいているのは、本件における具体的な問題なんだよ。

部下B：本件における具体的な問題……ですか。

上司A：そう。つまりね、本件における具体的な問題は、今回の製品Dに一部不具合が生じてしまった。それは、どこに根本的な原因があったのかということだよね。

部下B：ええ。そうです。

上司A：それを具体的にいうと、こういうことだろう。つまり、当社のP工場の生産工程において、人のチェックを入れずに、コンピュータでの自動システムを導入していたことが問題だったのか、つまり人によるチェックを入れていないという工場全体の問題だったのか。あるいは、今回不具合が一部生じた製品Dを製造する際にだけ行う、特殊な加工工程Sに導入した新作の機械Rの仕様に問題があったのか。

部下B：はあ（それって問題を事実に沿ってそのままいっただけじゃないか。全然、論理思考じゃないなあ）。

上司A：なんだね。不満そうな顔だな。

部下B：いやあ、とても正確な説明だなあって感心してたんです。さすがA部長。

抽象論のメリット

いままで紹介してきた**「論理思考の視点」**は、**視点そのものは「抽象」的**です。

「抽象」的であることのメリットは、汎用性《はんようせい》があることです。

実際に問題になる事実よりも、「抽象度が高い視点」を持っておけば、どのような問題にも使えるからです。応用できるからです。

これが、**「抽象論」のメリット**です。

本書で紹介する視点は、すべて「抽象」的になっています。

「抽象」的な視点であるからこそ、読者のみなさまがビジネスや日常生活で、その視点を実践できるようになります。

上司Aさんが、部下Bさんに「もっと具体的に説明しなさい」と繰り返しいっているのは、現実に問題になっている事実を正確に把握する必要があるからです。

部下Bさんは、「論理思考になっていない」という不満があるようですが、論理思考の本当の意味がまだ把握できていないようです。

ホンモノの論理思考は、抽象度の高い視点を使ったうえで、個々の事案の問題点を分析することで磨き上げられます。

本書で提供している「抽象論」としての視点は、あなたの身に起こる現実の問題のなかで、どんどん使っていく必要があります。たくさん使ってこそ、ホンモノの論理思考が身につきます。

ものごとを考える際の視点として、「抽象論」としての視点を使ったとしても、実際に起きている個々の問題に言及する際には、具体的な事実を正確に把握する必要があります。「具体論」をやる必要があるのです。

もちろん、「具体論」だけをやっていると、大きな視点での整理ができず、「総論」がみえてきません。

そこで、「抽象論」もやる必要がありますが、**「抽象論」はあくまで「総論」なので、そこで終えるわけにはいかない**のです。

ビジネスで使う方法

ビジネスで起きる問題は、「総論」思考をすることで、解決策が明確になることが多いと思います。しかし、他方で、「総論」だけで終えてしまうと、その問題の「各論」がないため、「抽象」的だと批判されてしまうのです。

「抽象」的だと批判されないためには、**「総論」としての分析はきちんとしたうえで、その問題における「あてはめ」をきちんとやる**ことです。「各論」をきちんとやることです。

この**「各論」が「具体論」**です。

冒頭の上司Aさんと部下Bさんの会話で考えると、Aさんが最後にまとめている事実は「具体論」です。ただ、これだけだと整理の視点がない。

そこで、Bさんが繰り返しているような「全体」と「部分」といった「総論」＝「抽象論」もやっておくのです。少なくとも考え方の視点としては、Bさんのいっていることは間違っていません。そのような思考をすると論理思考ができるのは、たしかにそのとおりです。

ただし、「具体論」をきかれているのに、「抽象論」に終始していたBさんは、「具体論」と「抽象論」という視点を持っていなかったと評価せざるを得ません。

「抽象論」は「具体論」を伴って、初めて「実」になるのです。

二項対立の視点⑬

このように「AかBか」の二項対立の視点には、「抽象論」と「具体論」という対立軸があります。

冒頭の例に限らず、議論をしているときなどに、Aさんのように、「君の考えは抽象論だ」と指摘できれば、論理的だと思われます。また、「抽象論」だと批判されたBさんは、「具体論」を的確に説明したうえで、総論としての「抽象論」が整理の視点としては有用であることを説明すれば、説得力が増します。

「抽象論」と「具体論」。

説得力を増すためには、どちらかだけではなく、双方をやる必要があります。
そして、人から意見を求められたときは、「抽象論」をやってから、「具体論」であてはめるのが説得的です。

他方で「抽象論」を求められたときは、「抽象論」のみ答えればよい。
「具体論」を求められたときは、「具体論」のみ答えればよい。

というように、**自分の話している内容が「抽象論」と「具体論」のどちらに分類されるのかという視点**を持てるようになります。

視点を知ったら、意識して使う

ちなみに、本書の構成は、地の文での説明の多くは「抽象論」になっていますが、会話文になっているところは「具体論」になっています。

多くの論理思考の本は、論理思考の本であるがゆえに、前者の「抽象論」の説明で終わってしまっています。そうすると、それはそのとおりなのだけれど、読者には「抽象」的すぎて理解できない、イメージできないという問題が起きてしまいます。これでは、書籍としての意味が半減してしまいます。

そこで、本書では、できる限りイメージがわくよう「具体論」を入れているのです。これが、上司と部下の会話であったり、あなたと奥さんの会話であったりするのです。

これから先、本書を読むときは、ここは**「抽象論」**だ、ここは**「具体論」**だと意識しながら読んでみてください。

いままで読んできたところも、最初から読み直すときには、**どこが「抽象論」で、どこが「具体論」になっているのか**を意識しながら再読してみてください。

それができるようになれば、「抽象論」と「具体論」の二項対立は、論理思考の視点として、あなたの脳に定着するはずです。

【まとめ13】

「AかBか」の二項対立の視点には、

A「抽象論」

と

B「具体論」

という対立軸がある。

14 人間はいつから「人」になり、「人」でなくなるのか？

——相対論と絶対論

「人」とはなにを指すか？

「人」とはなにを指すかという議論が、法律学にはあります。
たとえば、みなさんもご存じの「殺人罪」。
これは、文字どおり「人を殺した」者が処せられる罪です。
犯罪が成立するための要件のことを**「構成要件《こうせいようけん》」**といいます。
殺人罪の構成要件は、「人を」「殺した」ことです。
そこで、「人」とはなにを指すかが問題になります。

ペットは「人」か？

たとえば、あなたが大切にかわいがっていたペットが何者かによって殺されたとします。このとき、あなたは犯人をみつけたら、「殺人罪」で処罰してほしいと思うことでしょう。

けれど、ペットは動物であり、「人」ではありません。

残念ながら、いまの日本の刑法では、ペットなどの動物は人が持つ財産だと考えられています。「物」と同じだと考えられています。したがって、あなたのペットを殺害した犯人は、「殺人罪」ではなく、「器物損壊罪《きぶつそんかいざい》」に処せられます。

脳死の問題

では、「脳死」状態の人を殺害した場合はどうか。

「脳死」は、文字どおり「脳」の機能が停止した状態ですが、心臓は動いています。はたからみれば、呼吸をしており、心臓も動いているその人を死んでいると思う人はいないでしょう。

けれど、こうした「脳死」の状態でも、人の「死」であると定義する法律ができた場合、この法律が適用される限りにおいては、脳死状態の人は「人」ではないと判断されることになります※。

そうすると、脳死状態の人を殺害したとしても、「人」を「殺した」ことにならないため、「殺人罪」は成立せず、「死体損壊罪」が成立するにとどまるのではないかという議論が出てきます（なお、平成二一年の臓器移植法改正で、脳死と認定されれば、人の「死」だということになりました）。

胎児は「人」か？

また、たとえば、妊婦のお腹を蹴って、なかにいる胎児を殺害した場合、刑法上、生まれる前の胎児が「人」だとされているのであれば、「人」を「殺した」ことになり「殺人罪」が成立しますが、生まれる前の胎児は「人」ではないとされているのであれば、「人」を殺したのではないため「殺人罪」は成立しないことになります。

この点、日本の刑法では、「人」にあたるためには、母体から胎児の身体が一部露出すればよいとされています（**一部《いちぶ》露出《ろしゅつ》説《せつ》**※）。

母親の胎内にいる胎児は、刑法では「人」ではないとされるため、「殺人罪」は成立しません。この場合、「堕胎《だたい》罪」という罪があるため、胎児を殺害した人が処罰されることはもちろんですが、適用される罪は「殺人」ではなく、あくまで「堕胎」になります。

このように、日本の刑法では、胎児は「人」ではありません。

民法では?

では、たとえば、奥さんが身ごもっていたものの、赤ちゃんが生まれるまえに旦那さんが亡くなってしまった場合、旦那さんの財産を、胎児が「相続」できるかというと、これはできます。

なぜできるかというと、日本の民法上、相続人になるためには、相続開始時(つまり被相続人が亡くなった時)に、相続権を持つ者が生きていることが必要なのですが、生まれる前の胎児については、例外的に「人」とみなすという定めがあるのです。

このように、同じ胎児でも、**刑法では「人」には当たらないとされ、民法では、**相続をする場合などには**「人」に当たるとされています。**

ちなみに、日本の民法でも、相続など例外的な場合にのみ、胎児も「人」として扱われるにすぎないのですが、いつから「人」になるかというと、母体から胎児の身体全部が外に露出しなければ「人」にはならないとされています(**全部露出説**)。※

細かい話ですが、民法では、母体から全部露出しないと「人」にはならず（全部露出説）、刑法では一部でも露出すれば「人」になるのです（一部露出説）。

同じ言葉でも別の意味？

このように、同じ「人」という概念であっても、適用される法律によって、その意味が変わってくることを、**「概念《がいねん》の相対性《そうたいせい》」**と呼びます。

日本にはたくさんの法律がありますが、その法律ごとに概念の定義をすることが可能なため、その法律が特別に定義を定めるなどしているのであれば、「法律によって概念の意味が違う」ということがあってもかまわないのです。

少し難しいかもしれませんが、**「概念の相対性」**は、法律学ではよく登場する議論ですので、イメージだけでも持ってください。

ひらたくいえば、**同じ言葉でも、場面ごとに意味が違ってくる。それでもかまわない。**

こうした考え方を**「概念の相対性」**といいます。

これに対して、「いやいやおかしいじゃないか。人という以上、どの法律が適用されるとしても、人の意味は同じはずだ。適用される法律ごとに意味が変わるなんてナンセンスだ」という考え方を、**「概念の絶対性」**と呼びます。

同じ言葉である以上、どのような場面でも同じ意味でなければならない。

その言葉の意味は、絶対であり、他の定義を「許容」しない。

こうした考え方が**「概念の絶対性」**です。

ここで押さえていただきたいことは、「概念の相対性」と「概念の絶対性」のどちらが正しいかということではありません。

どちらも正しい考え方として存在しています。

特に、さきほどの「人」の概念についていえば、刑法と民法の「目的」が違うため、そこに登場する概念の意味が違っていてもよいと考えるのが「通説」です。民法と刑法の間

では「概念の相対性」という考え方が認められています。※

ここで重要なのは、どちらが正しいかではなく、「概念の相対性」という考え方があることを知ることです。他方で、「概念の絶対性」という反対概念があることも知ることです。

こうした「相対」的な考え方と、「絶対」的な考え方の対立は、法律の概念にかぎられません。

あらゆる物事のみかたにおいて、「相対論」と「絶対論」は二項対立の図式をなしています。

二項対立の視点⑭

「AかBか」という二項対立の視点には、「相対論」と「絶対論」という対立軸があるのです。

冒頭の具体例では、イメージしやすいことと、実際に法律学の議論として存在していることから、センシティブな問題ではありますが、あえて「人の死」を取り上げました。

ビジネスなどの場面で使う論理思考では、こうした重い話ではありません。重い話ではありませんので、みなさんも気軽に使ってください。

ここで、その意味を念のため整理しておきましょう。

相対論と絶対論

まず、**「相対論」**というのは、ものごとの意味は場面ごとに異なるものだという考え方です。当然に「例外」を「許容」する立場につながります。

これに対して、**「絶対論」**というのは、ものごとの意味はどのような場面でも同じものだという考え方です。「例外」は一切「許容」しないという立場になります。

このような「相対論」と「絶対論」という二項対立の視点を知っておけば、ビジネスなどの場面で議論をする場合、次のような指摘ができるようになります。

「相対論」のAさんは、「絶対論」のBさんに対して「あなたの考え方は、絶対論であり、柔軟性がない」といった指摘をすることができます。

これに対して、「絶対論」のBさんは、「相対論」のAさんに対して、「この考え方は絶対的なものであり、例外を許すものではない。あなたのような考え方をしてしまえば、すべて骨抜きになってしまい、なんでも場当たり的に処理できることになってしまう」などと批判することができます。

「AかBか」の二項対立の視点には、「相対論」と「絶対論」という対立軸があるのです。

【まとめ14】

「AかBか」の二項対立の視点には、
A「相対論」
と
B「絶対論」
という対立軸がある。

---

15 ともに説得力のある主張の対立の背景には、なにがあるのか？

――通説と有力説

最後はハイレベル？

「ＡかＢか」の二項対立の視点も、最後になりました。

「もう終わりなの？　寂しいなあ」って思った方。

ありがとうございます。

著者としては、「もっと読みたい」と思っていただけることが一番嬉しいものです。あなたのリクエストに応えて、最後の章は少し長めに作りました。ぜひ、味わってお読みください。

[注意]　さて、ここからは最後の視点なので、いままで紹介した視点も織り交ぜながら、少しだけレベルを上げてお話しします（でも、ご安心ください。ここまで辿り着いたあなたには、ここから先を読みこなす力が十分についています）。

髪型は自由？

法律の勉強をしていると、多くの論点が登場します。

論点には、必ず複数の学説があります。

たとえば、「髪型の自由は憲法上、保障されているか？」という論点があれば、肯定説（保障されているとする説）と否定説（保障されていないとする説）に分かれます。※

保障されているのか、保障されていないのかが問われているので、肯定説と否定説の二説だけかと思うと、そうではありません。肯定説（保障されているとする説）のなかでも、その理由をめぐって争いがあったりします。

肯定説Aは、「憲法一三条（幸福追求権）という条文によって保障されている」と、肯定説Bは「憲法二一条（表現の自由）という条文によって保障されている」といいます。さらに、Ａ説とＢ説を合体したような肯定説Ｃ（「憲法一三条と憲法二一条の両方の条文によって保障されている」とする説）があったりします。

「学説の迷路」が次から次へと出てくる。それが、法律学をはじめとした体系書の議論です。

二項対立の視点を使うと……

けれど、「二項対立」というシンプル思考をすれば、Ａ（肯定説）とＢ（否定説）の二つに分けて整理することができます。

「結論」で考えれば二つしかない。

あとは「理由」の違いにすぎない、と考えることができます。

このような視点を持てるようになると、一つの論点にたくさんの学説が登場しても、気にならなくなります。

ほとんどの学説は、このように大きな視点（二項対立）でみれば、大枠を整理できるようにできているからです。

このように、**学説の整理や分析をする際にも、「二項対立」の視点が役立ちます。**

学説の視点

さて、最後の視点としてお伝えしたいのが、この「学説」にまつわる視点です。

「**通説《つうせつ》**」と「**有力説**」という視点です。

「通説」というのは、多数の学者の支持を受け、その世界で正しい見解として定着している考え方をいいます。

その論点について議論をする際には、仮に「通説」と異なる立場に立つとしても、必ずベースとして触れる必要がある。それが、「**通説**」です。

これに対して、**「有力説」というのは、その世界で正しい見解として定着はしていないものの、新しい考え方として有力に主張されている考え方をいいます。**

伝統的に多数の学者の支持を受けてきた「通説」があるなかで、最近の流れとして、勢力を増やしている新しい考え方。それが「**有力説**」です。

学説の分類としては、細かくいうと、様々な**ポジション**があります。

ざっと挙げるだけでも、この**「通説」「有力説」**のほか、**「定説《ていせつ》」**、**「多数説」**、**「少数説」**、**「少数有力説」**、**「独自説」**など様々なポジションがあります。

「定説」というのは、「通説」以上に支持者が多く、ほぼ争いがないほどに定着してしまっている考え方です。

それ以外の説はほとんどないことが多いので、「論点」で登場することは少ない。それが、**「定説」**です。

あるいは、かつては論争があったけれど、いまは〇〇という考え方が「定説」になって、決着がついていているというような場合があります。

「多数説」というのは、単純に支持をしている学者の数を比較した場合に、支持者が多い方の考え方をいいます。

ここで注意すべきは、「多数説」は「通説」に近いことが多いものの、(「通説」という言葉ではなく、あえて「多数説」という言葉が用いられている場合）その説は「通説」まではいっていない、ということです。

「通説」といえるためには、あくまで、その世界で正しい見解として定着している必要があります。単に多数の支持を受けているというだけではないのです。

「多数説」というのは、支持者は多いけれど、その世界でまだ正しい考え方として定着するまでにはなっていない見解です。

これに対して「少数説」というのは、**単純に支持をしている学者の数を比較した場合に、支持者が少ない方の考え方をいいます。**

「多数説」の反対概念です（その意味で、「多数説」と「少数説」は二項対立だといえますが、本書は論理思考にとって有用性がより高い「通説」と「有力説」の二項対立を取り上げました）。

「少数説」に対する取扱いとして気をつけるべきは、その世界で、いま現在支持者が少ない考え方だというだけで、内容的に間違っているとは限らないということです。

考え方の対立の場合、そもそも、客観的にどちらが正しいとか間違っているとかを決められるものではありません。

けれど、その世界で多くの学者から支持を受けるレベルになる説というのは、それなりに説得力を持っているものです。その意味で、「少数説」はいま現在においては「説得力」を持っていないものなのですが、それはあくまで「いま現在」の話です。

歴史は繰り返す?

歴史をひもとくと、地球の周りを天が回っているという考え（天動説）が多数説だった時代がありました。当時においては多数説というよりも通説だったといった方がいいかもしれません。それが、二一世紀のいま現在では、地球が宇宙のなかを回っているという考え方（地動説）が正しいことを疑う人はいません（かの有名な17世紀の天文学者、ガリレオ・ガリレイが唱えた考え方ですね）。

かつての考えと全く正反対の考え方が、いまでは「多数説」というよりも「通説」を超え、「定説」レベルにまでなっています。

「少数説」はあくまで、いま現在において支持者が少ない考え方というだけですので、いずれは「多数説」になる可能性もある点には注意が必要です。

このように、かつては「少数説」だったものが、「多数説」に変わっていく場合、**「少数説」は、まず「少数有力説」というポジションに進化します。**

「少数有力説」というのは、単純に支持をしている学者の数を比較した場合に、支持者が少ない方の考え方（つまり「少数説」）ではあるものの、正しい見解として有力な学者が支持し始めている考え方です。

いま現在支持をしている学者の数でいくと、まだ多数説ではないものの、支持する学者が増え始めている。こういう考え方は、いま現在の数のレベルでは「少数説」であるものの、新しい考え方として注目を集め始めているという点で、**「少数有力説」**と呼ばれます。

宇宙で一つ？

以上の考え方は、たとえ少数ではあるにせよ、複数の学者によって「学説」として認知されていた考え方です。

これに対して、その世界で唱えている学者が「一人しかいない」ような、変わった考え方を**「独自説」**といいます。

その説をとっている学者以外には、支持する人もいなければ、理解をする人もいないような考え方。それが、**「独自説」**です。

ぶっとんだ考え方ですが、ある意味、オリジナリティがあり、また、多数派や常識人の考え方にとらわれない孤高の見解といえなくもありません。

二項対立の視点⑮

このように「学説」のポジションには様々なものがあります。けれど、「AかBか」という論理思考をするにあたって、みなさんに持っていただきたい二項対立の視点は、**「通説」か「有力説」かという対立軸**です。

「多数説と少数説ならわかるけど、なんで通説と有力説が二項対立なんだ?」と思われた方もいるかもしれません。

すでに述べたとおり、「多数説」と「少数説」が二項対立になっていることは、そのとおりです。

ただし、ビジネスなどの場面では、「多数説」と「少数説」という視点よりも、「通説と有力説」という視点を持っていた方が役立ちます。

通説と有力説

なぜかというと、そもそも「多数説」か「少数説」かという形式的な数レベルの対立は、改めて視点として持つまでもなく、だれでも普段から意識していることだからです。あえて論理思考の視点として、本書で提示するほど大きな意味がある二項対立とはいえません。

これに対して「通説」と「有力説」というのは、ビジネスなどの場面で意識しないまま「対立軸」になっていることが多いため、ぜひとも視点として「意識」していただきたいのです。

ビジネスなどの場面で、「多数説」と「少数説」を戦わせる場面は少ないと思います。なぜなら、さきほど定義したように「少数説」というのは、少なくともいま現在においては、説得力を持っていない考え方だからです。説得力を持たない考え方が、ビジネスで支持されることはないでしょう。

つまり、**「多数説」と「少数説」という対立軸は、いいかえれば「説得力のある考え方」と「説得力のない考え方」というレベルの二項対立になる**ため、そうした争いがビジネスの場面で起きることはあまりないのです。あったとしても、どちらが採用されるかは目にみえています。

やっかいなのは、「通説」と「有力説」の争いです。

なぜならば、**「通説」も「有力説」も、実質的な「説得力」という点では拮抗しているから**です。説得力があるからこそ、「少数説」ではなく「有力説」なのです。

他方で、「通説」はその世界ですでに多くの支持を受け、正しい考え方として定着をしてきた見解です。「通説」はいま現在における説得力や、将来における説得力のレベルでは、「有力説」が優《まさ》る可能性があるものの、少なくとも、いまに至るまでの伝統的な考え方としては、「通説」が説得力を持ってきたのです。

そして、いま現在においても、「通説」というポジションなのですから、やはり説得力は維持できています。

こうした視点で分析すると、「多数説」と「少数説」の対立軸が、支持者の分布（形式的な数）レベルの問題であり、実質的には「説得力のある考え方」と「説得力のない考え方」の二項対立だったのと異なり、「通説」と「有力説」は、どちらも支持者が多くて「説得力」もあるものです。

根本的な違いは、伝統？

では、どこが違うかというと、**「通説」には伝統があり、「有力説」には伝統がない**のです。

「通説」と「有力説」の対立軸は、実は、伝統の有無にあるのです。

このように「通説」と「有力説」の根本的な対立軸を分析すると、ビジネスなどの場面において、「見解の相違」によって対立がある場合、「通説」と「有力説」との二項対立になっている場合が多いことがわかると思います。

どちらも説得力はそれなりにあるけれども、あなたが主張する考えをなんとしても通したい。こういうときには、**「通説」と「有力説」の二項対立の視点**を意識してください。

そのうえで、あなたの主張は「通説」なのか「有力説」なのかポジションを分析してください。

あなたの主張が「通説」の場合はラクです。伝統に支えられているからです。これまで多くの人間によって支持され、その世界で、正しい見解として受け継がれてきた考え方です。その伝統と正当性を全面に押しだし、堂々と主張していけばよいことになります。

ただし、相手方の主張は「有力説」です。ということは、伝統的なあなたの考え方（通説）の矛盾点やほころびに着目している可能性が高いです。「通説」だと説明がつきにくい点を全面的に指摘されると、こちらもつらいでしょう。その点に対する反論はしておく必要があります。

もっとも、あくまで「通説」なので、オーソドックスに堂々と論陣をはればよいポジションです。

あなたの主張が「有力説」の場合、相手は伝統です。てごわい相手と戦っていること、それを、まずは認識してください。いっけん、あなたの考え方には説得力があり、また勢いがあると思います。主張の内容そのものでは、常識的にもあなたの考えの方が合理的であり正しいと思えることでしょう。けれど、相手の主張は、伝統ある「通説」です。ちょっとやそっとの反論では、実はびくともしない考えです。びくともしないから「通説」としてこれまで君臨してきているのです。

そうした強敵であることを、まず意識する必要があります。

主張の内容的な説得力や正しさだけを押しても、伝統に負けてしまう。その可能性がもより高いことを知っておく必要があるのです。そのうえで、戦略を練りましょう。

相手が伝統だということは、その考え方は少なくとも過去においては説得力を持っていたといえます。その説得力がいまでも通用するのか、いまの現状に照らして再度検証するというスタンスが必要になります。

あなたの考えは変革であり、革新であり、改革なのです。

歴史上、ものごとの考え方は常に変化をしていますので、オバマ大統領の選挙時における演説ではないですが「チェンジ」の「**必要性**」と「**許容性**」を主張していきましょう。

あなた：いやあ、それにしても、二項対立にもいろいろな視点があるんだな。勉強になったよ、この本。

奥さん：よかったわね。

あなた：論理思考の本っていままで何冊か読んできたけど、難しい抽象論が多くてさ。日本語で書いてあるのに外国語みたいな抽象的な言葉がズラリだったり。

奥さん：抽象論だけだとわかりにくいものね。
あなた：そうなんだよ。この本は会話が多かったから、イメージしやすかったなあ。
奥さん：あなたとわたしの会話ばかりだったわね。
あなた：（ほかの会話もたくさんあったんだけど。まぁ、いっか）そうそう、会話があるとわかりやすいね。
奥さん：あなたの話は、いつもわかりにくいけど。会話なのに。
あなた：そ、そうかなあ。そんなキツイことというなよ。でも、二項対立の視点を勉強したから、これからは論理的に話ができそうだよ。
奥さん：そうなの。よかったわね。
あなた：これで、オレの話もわかりやすくなるかもしれないよ。
奥さん：そうかしら。だといいけど。でも……。
あなた：でも、なにさ？
奥さん：ぜんぜんそういう気がしないわ。わかりやすい話になる気がしないの。
あなた：そんなことないって。じゃあ、実践してみよう。
奥さん：……。（わたしに実践しないでほしいんだけど）
あなた：なんだよ。論理的にいいくるめられそうで、こわいのかい？

奥さん：いえ、ぜんぜん。

あなた：いうなあ。じゃあ、やってみよう。タバコについては、健康被害が指摘されているところだけれども、成人に達した大人がタバコを吸うことは、法律上「禁止」されていない。つまり、ボクがタバコを吸うことは法律上「許容」されているんだ。

奥さん：知ってるわ。そんなこと。

あなた：いいからきいてくれよ。ここから先だよ。そして、大人であるボクがタバコを吸うことはボクの自由であり、周りに迷惑をかけない限り、自己決定権として尊重されるべきである。

奥さん：はあ。

あなた：そこで、我が家の状況を分析してみると、「形式的」には家の中でタバコを吸うと、家族がその煙を浴びる可能性がある。つまり家族に迷惑をかけるおそれがある。けれど、「実質的」に考えると、タバコを吸える場所を、たとえば五畳の仕事部屋だけに限定して、タバコを吸うときはドアを閉めるようにする。こうすれば、家族に煙が届くこともなく、迷惑をかける可能性はない。つまり……。

奥さん：あのさあ。

あなた：なんだい？

奥さん：わたしさ、そういう論理的？　よくわからないけど、そういう「テキテキ」な話？　好きじゃないの。

あなた：えっ？

奥さん：もっと、女性の「感情」の勉強をしたほうがいいわ。「テキテキ」くんは、外でやってちょうだい。仕事のときにやってほしいわ。

あなた：（ガーン。たしかにこの本、ビジネスの場面では……ってよく書かれていたっけ）

奥さん：二項対立……だっけ？

あなた：そ、そうさ。明日から仕事で使うことにするよ。君には使わない。

奥さん：これで気づいたでしょ？

あなた：なにがさ？

奥さん：あなたとわたしの間にある二項対立よ。

あなた：？？？

奥さん：それでは、みなさん。最後に一六個目の「二項対立の視点」を教えましょう。それは……。**「論理」**と**「感情」**です。「左脳」と「右脳」といってもいいかもしれません。「論理」に夢中になるのもいいですが、「感情」のこともお忘れなく！　特に女性には！　ではではー。

【まとめ15】

「AかBか」の二項対立の視点には、

A「通説」

と

B「有力説」

という対立軸がある。

【まとめ16】

「AかBか」の二項対立の視点には、

A「論理」

と

B「感情」

という対立軸がある（かもしれない）。

あとがき

本書は、ビジネスで非常に有益でありながら、多くの方が苦手としている「論理思考」について、**「二項対立」**という視点のみに焦点を定めました。

本来、論理思考（あるいは「ロジカルシンキング」などと呼ばれるもの）は、さまざまな要素から成り立っているものです。

にもかかわらず、本書が「二項対立」という視点のみにスポットライトをあてたのには、理由があります。

理由のひとつは、本文でも繰り返し書いてきたように、「二項対立」の視点は、シンプル（**「単純」**）でありながら、応用できる範囲が広い（**「汎用性《はんようせい》」**が驚くほど高い）からです（**「二項対立」の視点が持つ「技術上のメリット」**）。

このように技術的に卓越した強みがあるにもかかわらず、「二項対立」の視点について正面から扱った本が、ビジネス書にはありませんでした。

これまで、「論理思考」や「ロジカルシンキング」というと、「三段論法」のような数学的な公式や、「MECE《ミッシー》（Mutually Exclusive and Collectively Exhaustive）」のような「カタカナ」や「アルファベット」でネーミングされた「難しい概念」が数多く登場するものがほとんどでした（「三段論法」については、D.Q.マキナニー著＝水谷淳訳『論理ノート（Being Logical）』（ダイヤモンド社）八五頁以下、「MECE」については照屋華子・岡田恵子『ロジカル・シンキング―論理的な思考と構成のスキル』（東洋経済新報社）五八頁以下に、それぞれ詳しい解説がされています。難しい用語が登場しますが「良書」です。まだ読まれていない方は、本書の「次に読む本」（本のリレー）として、ぜひ読まれることをおすすめします）。

そのため、論理思考の技術としては優れていても、読者が理解できず消化できない、あるいは、用語の意味だけ覚えて満足してしまったという方もいらっしゃるかと思います。

そこで、本書では、難しい「テクニカルターム」（専門用語）を使うことは避け、できる限り日常的にだれでも使っている言葉を多く使うよう心がけました。

普段なにげなく使っている言葉に、新たな光をあてることで、**「視点化」**することを試みました。

夜の闇に隠れていたラベンダーが、ライトアップされることで美しさをみせる。その瞬間、その一瞬、一瞬を「言葉」に残したもの、それが本書です。

これによって、いままであなたの頭のなかでは「もや～」とした感覚はあったかもしれないものの、明確には言語化・体系化がされていなかった「二項対立」の視点が、キラリと輝くものになったはずです。

このように、「二項対立」を確固たる「視点」として認識できるようになると、論理思考の「技術」として、ビジネスシーンに限らず、いろいろな場面でプレゼントをもらえるようになります（「二項対立」の視点が持つ「技術上のメリット」には、「知的開眼」のような「気づき」になれば、という著者の想いがこめられています）。

そして、もうひとつの理由は、「二項対立」の思考がもたらす大きなメリットの存在です（**「二項対立」の視点が持つ「思考上のメリット」**）。

思考上の「大きなメリット」とは、なんでしょうか？
それは、次の点です。

「二項対立」の視点で物事を考えられるようになると、**「対象」の全容が理解できる**ようになる。

これはどういうことだと思いますか？

それは、**「ある概念」を理解するためには、「反対概念」の理解が重要である**という「不《ふ》文律《ぶんりつ》」（明文化はされていないものの、暗黙に存在しているルールのこと）に集約されます。
たとえば、「資本主義ってなんだろう？」という問いがあったときに、「資本主義」を理解するためには、それと正反対の概念である「社会主義」や「共産主義」を知ることが重要です。「平和」を知るためには、平和ではない「戦争」を知る必要があります。「戦争」の悲惨さを知って、はじめて「平和」に気づくことができるといえば、イメージができると思います。

こうした反対概念のイメージを使った理解は、**具体的にする**ことも大切です。

拙著（「究極シリーズ」3冊（『勉強法』・『読書術』・『文章術』）や『小説で読む民事訴訟法』（いずれも法学書院））では、このことを、次のように述べてきました。

「ある概念を理解するためには、①反対概念と、②具体例を理解することが重要である。」

経営コンサルタントでありベストセラー作家である神田昌典さんも、『全脳思考―結果と行動を生み出す1枚のチャート』（ダイヤモンド社）で、次のようにいっています。

「類似の概念だけで考えている場合……は、世界観が狭くなるのに対し、対極の概念を含めた場合……は、世界観が大きくなり、より大きな市場を創造することができる。」（神田昌典『全脳思考』四五〇頁。傍線は筆者）。

「二項対立」の視点でものごとを眺めることは、結局のところ、その論点や問題点の「全容」を知ることにつながります。その結果、自然と「幅広い見地」に立てるようになります。

このコンセプトは、これまでの「究極シリーズ」のテーマにも重なります。

『勉強法』では、**「採点する側」の立場**をイメージすること。

『読書術』では、**「書き手」の立場**から本を読むこと。

『文章術』では、**「読み手」の立場**に立って、文章を書くこと。

「勉強をすること」「本を読むこと」「文章を書くこと」……。「究極シリーズ」では、こうした技術を習得するためには、**相手の立場に立つことが重要である**ことを強調してきました。

それと同じように、物事を理解するためには**対極を理解する**ことが重要です。

「論理思考」の場面では、「二項対立」の視点としてあらわれます。

「二項対立」の視点そのものをテーマにしたビジネス書はなかったといいましたが、実際には、たとえば次のように、さりげなく使われています。

「プテラノドンではないが、経営戦略は絶滅種のようなものだ、あるいは、経営に戦略は不要だ、という極論がある。……私自身は、こういった戦略不要論には基本的には与しない立場をとっている。」（**御立尚資『経営思考の「補助線」——変化の時代とイノベーション』（日本経済新聞出版社）一一一頁**—一一二頁。傍線は筆者。読みやすく含蓄のある本です。「次に読む本」（本のリレー）としておすすめです）。

本書を読まれたあなたは、これからは、ビジネスシーンでも、読書をする際にも、文章を書く際にも、議論をする際にも……とにかくありとあらゆる場面で、「二項対立」の視点が自然と頭に浮かぶようになると思います。

そうなれば、本書は成功です。読まれたあなたも大成功です。

意識できることがなによりも重要だからです。あとは意識できた「二項対立」の視点をその場面に応じて、あなたのメリットになるよう積極的に活用してくことです。その使い方の例は、本書で示しましたが、ほかにもたくさんの「使い方」があると思います。

ここから先は、あなたの番です。「二項対立」の視点を使っていくのはあなた自身だからです。たくさん使うほど、磨きがかかってきます。

「自分にできるだろうか？」と思われたあなた。

大丈夫です。

本書を読まれたあなたは、すでに「二項対立」の視点を武器として持っています。「意識」できるようになっています。

「重要なこと」を「有用なもの」に変えていくのは、難しくありません。

「意識」して「使っていく」。これを繰りかえす。それだけだからです。

力まなくても、自然に「重要なこと」を使っている。

本書を読まれたあなたには、そんな日が目のまえまできています！

なお、本書がテーマにした「二項対立」。
最近ですと、二〇〇九年の衆議院議員総選挙も「二項対立」の図式でした。
自民党か民主党かという「対立軸」です。
二大政党時代が到来することを予感させるかのような選挙でした。

しかし、実際には、他にも多くの政党があり、政策があります。
そういった少数の考えを無視して、「二項対立」だけで考えてよいのか？
という疑問を感じた方も、いらっしゃるかもしれません。

本書が「二項対立」をテーマにしたのは、あくまで論理思考のためです。
論理思考をするために、もっておくと非常に便利な「視点」。
それを読者のみなさまに、わかりやすく解説することに主眼がありました。
技術を身につけるためには、シンプルであればあるほどよいからです。
そしてなにより、思考の技術はわかりやすい方がよいからです。

どのような技術を使ったとしても、思考の内容を考えるのはあなた自身です。

本書が、少しでも、あなたの考えを磨くヒントになったのであれば、著者として望外の喜びです。最後までお読みいただきまして、ありがとうございました。

最後に、本書の出版にあたりお世話になった法学書院の北原曉彦社長、編集部の田中純子さんをはじめとしたスタッフのみなさん、いつも究極シリーズをお読みいただきブログや読者カードなどで感想を書いて下さる方々、同シリーズ以来、たくさんの平積みをしてくださっている書店のみなさま、シリーズ第一弾『弁護士が書いた究極の勉強法』をお読みくださりご自身が教鞭をとられている大宮法科大学院の図書館に一五冊も拙著を寄贈して下さった久保利英明弁護士、わたしの本の出版をいつも応援してくださる鳥飼重和弁護士、事務所の方たち、友人、家族をはじめ多くの方々にも厚く御礼申し上げます。

平成二一（二〇〇九）年八月

木山　泰嗣

【参考文献】

※（まえがき・iv頁）国税庁・国税不服審判所「平成20年度における不服申立て及び訴訟の概要」、「平成19年度における不服申立て及び訴訟の概要」（国税庁ホームページ）

※（1・2頁）木下晃伸『デジタルネイティブの時代—２００万人があなたの味方になる、新ネット戦略とは？』（東洋経済新報社）

※（2・17頁）手塚治虫『ブラックジャック第1～17巻』（秋田書店）

※（2・18頁）毎日新聞社会部『時効廃止論「未解決」事件の被害者たち』

※（2・21頁）竹内一郎『人は見た目が9割』（新潮新書）

※（3・32頁）芦部信喜『憲法』（岩波書店）

※（5・55頁）鳥飼重和『豊潤なる企業—内部統制システムの真実』（清文社）

※（5・56頁）江頭憲治郎『株式会社法（第2版）』（有斐閣）

※（7・71頁）鈴木宏『今すぐ使える！ 誰でも作れる！ 新型インフルエンザ対策マニュアルの作り方—厚生労働省の事業者・職場における新型インフルエンザ対策ガイドラインに基づく』（時評社）

※（8・87頁）リチャード・コッチ＝仁平和夫『人生を変える80対20の法則』（阪急コミュニケーションズ）

※（10・１０１頁）田口守一『刑事訴訟法（法律学講義シリーズ）』（弘文堂）

※（11・１１３頁）前田庸『会社法入門（第11版補訂版）』（有斐閣）

※（11・１１５頁）児玉光雄『イチローＶＳ松坂思考—成功する人の共通点』（幻冬社）

※（14・１４１頁、１４５頁）前田雅英『刑法各論講義（第４版）』（東京大学出版会）

※（14・１４２頁）前田雅英『刑法総論講義（第４版）』（東京大学出版会）

※（14・１４３頁）内田貴『民法１（第４版）』（東京大学出版会）

※（15・１４９頁）芦部信喜・高橋和之補訂『憲法（第四版）』（岩波書店）

■著者紹介

木山　泰嗣（きやま・ひろつぐ）

横浜生まれ。弁護士（鳥飼総合法律事務所）。上智大学法学部卒。勝訴率が低いといわれる国税を相手にした税務訴訟を専門とし，多くの勝訴判決を獲得している（主担当事件に，最高裁で一部逆転勝訴したストック・オプション訴訟＝最高裁第三小法廷平成18年10月24日判決・最高裁第一小法廷平成18年11月16日判決，１審・２審ともに全部勝訴した国際税務訴訟＝大阪高裁平成21年４月24日判決等がある）。

著書に『弁護士が書いた究極の～』シリーズ（『勉強法』『読書術』『文章術』），『小説で読む民事訴訟法』（以上，法学書院），『事例詳解　税務訴訟』（共著・清文社）等がある。

論文に「税務リスクに備える!!　税法と信義則」KINZAIファイナンシャル・プラン2009年５月号，「役員の法的責任とモデル役員規程例」労政時報2009年６月号，「行政事件訴訟法改正のポイントと税務訴訟への影響」税務弘報2005年８月号等多数あり。

現在，司法試験受験生から好評を博している法律小説「小説で読む行政事件訴訟法」（「受験新報」2008年12月号～）など連載記事多数（「ストーリーで学ぶ！　現場が知っておきたい税務訴訟入門」スタッフアドバイザー2009年６月号～等）。

その他，浜銀総研「経営サポートニュース」やブログ「税務訴訟Ｑ＆Ａ」で，本の紹介をするなどビジネス書への関心も高く，幅広い活躍をしている。

究極《きゅうきょく》の思考術《しこうじゅつ》

――あなたの論理思考力《ろんりしこうりょく》がアップする「二項対立《にこうたいりつ》」の視点《してん》15

2009年10月５日　初版第１刷発行　（定価はカバーに表示してあります。）

著　者　木　山　泰　嗣

発行者　北　原　曉　彦

発行所　株式会社　法　学　書　院

〒112-0015　東京都文京区目白台1-8-3

電　話　(03)3943-1721(代表)
(03)3943-1221(編集)

ＦＡＸ　(03)3943-2030

振　替　00160-3-81699

http://www.hougakushoin.co.jp

製版：株式会社メディット．／印刷：開成印刷株式会社／製本：山崎製本所

ISBN　978-4-587-23390-7